용기를 내어 일어서라

용기를 내어 일어서라

조발그니(빈첸시오) 신부

차례

1장	하느님과의 만남	10
2장	믿음의 여정	32
3장	기도와 성찰	56
4장	예수님의 삶과 가르침	78
5장	성모님의 모범	106
6장	사랑과 섬김	122
7장	부활과 희망	140
8장	신앙의 실천과 도전	156
9장	해외 성지순례 미사 강론	172

용기를 내어 일어서라 ✝

조발그니 빈첸시오 신부님의 사제 서품 25주년을 맞아, 2025년 은경축을 기념하며 이 책을 엮게 되었습니다.

지난 2024년은 조 신부님께 참으로 힘든 한 해였습니다. 감당하기 어려운 많은 일을 겪었고, 무엇보다도 사랑하는 어머니와 아버지를 차례로 떠나보내야 했던 해이기도 합니다. 그러나 그러한 고통 속에서도 신부님이 한결같이 지켜온 것이 있습니다. 바로 강론을 준비하는 일이었습니다.

조 신부님께 강론은 단순한 사목 활동이 아니라, 말씀을 통해 하느님과 신자들을 더욱 깊이 연결하는 과정이었던 것 같습니다. 사제서품 이후 25년 동안, 늘 같은 열정과 정성으로 강론을 준비하셨고, 신자들에게 하느님의 말씀을 더욱 가까이 전하기 위해 끊임없이 고민하고 연구하셨습니다.

이 강론들을 사제 서품 25주년을 맞아 한데 모아 많은 이들과 나누고자 합니다. 신부님의 서품 성구는 "용기를 내어 일어서라"(마르 10,49)입니다. 성구 말씀처럼, 신부님이 더욱 단단한 믿음과 용기로 다시 일어서길 바라며, 이 책이 신부님의 사목 여정에 작은 위로와 격려가 되길 바랍니다.

  이 글을 접하는 모든 분들이 신부님의 사제직을 위해 화살기도를 올려주시기를 청합니다. 한 걸음 한 걸음 주님의 길을 따라 걸어가는 조 신부님의 여정이 늘 은총과 평화로 가득하기를 바랍니다.

가족 일동

1장 하느님과의 만남

성령의 음성에 귀 기울이며 ✝

"무슨 말을 어떻게 할까 하고 미리 걱정하지 마라. 때가 오면 너희가 해야 할 말을 일러 주실 것이다. 말하는 이는 너희가 아니라 너희 안에 말씀하시는 아버지의 성령이시다." (마태오 10, 20)

강론이 내키지 않을 때면 이 복음 말씀이 특히 와닿곤 합니다. 미리 걱정하지 말라는 말씀이 있지만, 준비없이 강론대에 서면 하늘이 노랗게 보이고, 말문이 막혀 무슨 말을 해야 할지 떠오르지 않을 때가 많습니다.
개신교 목사님은 크리스찬 아카데미까지 다니며 주일 설교를 열심히 준비한다고 합니다. 반면 저는 글로 적어 읽다시피 하는 제 강론 방식에 가끔 회의감이 듭니다. 그러다 문득 이런 생각이 들었습니다. '과연 나는 성령께서 내 안에서 활동하시기를 얼마나 간절히 바랐던가?' 진정으로 마음을 다해 성령께서 임하시어 당신 말씀을 전하도록 제 자신을 내어 드렸는지 돌아보게 됩니다.

우리는 기도할 때 조차 듣기보다는 말하기에 급급합니다. 강론을 준비하기 위해 묵상을 한다면서 정작 하느님의 음성은 얼마나 경청했는지 생각해보니 부끄러울 따름입니다. 여러분도 오늘의 말씀을 접할 때, 각자의 마음 속에 울리는 성령의 음성과 강론이 하나되어 우리를 어디로 이끄시는지 함께 귀 기울여 보았으면 합니다.

2004년 7월 9일

자신의 목소리를 낼 줄 아는 삶 ✝

강론을 쓰며 마음 안에서 잘해야 한다는 강박 관념을 느낄 때가 많습니다. 조금 더 아름다운 말로 사람들을 끌어들일 수 없을까에 마음이 빼앗길 때가 많았습니다. 복음을 읽고 신자들을 이끄는 것이 먼저여야 하는데 그것보다는 우선 신자들에게 강론 잘하는 신부라는 말을 듣고 싶은가 봅니다.

강론을 잘한다는 것은 무엇일까요? 복사들에게 물어보면 분명 "짧게 하는 거요."라고 할 겁니다. 나이가 지긋한 할머니에게 같은 질문을 하면 "난 돌아서면 다 잊어붕께, 아무께나 하시오."라고 말할 것입니다. 그렇다면 여러분들은 어떠십니까? 귀에 바른 소리, 듣기 좋게 자기를 추켜세우는 소리를 원하시나요?

주님의 길을 제시하는 두 명의 예언자가 복음에 나옵니다. 엘리야와 세례자 요한 이 둘은 세상의 일에 옳은 소리를 아까워하지 않았습니다. 멋진 옷 입고 사진 찍고 얼굴을 들이미는 이가 아니라 가죽옷을 입고 들꿀을 먹고 사는 광야에서 외치는, 가난하지만 소신을 굽히지 않은 이들입니다.

  그들은 무대의 주인공이 아니라 앞으로 오실 분을 밝혀주고 길을 닦아주는 존재입니다. 그들은 분명 능력이 있는 사람이었습니다. 병자를 고치기도 하고 기적을 일으키기도 했습니다. 그러나 그것보다 큰 그들의 능력은 소신이 있었다는 것입니다.

  고등학교 때 저는 세상이 모두 입을 다물었을 때 세상의 부정을 용기 있게 말한 신부님들을 보았습니다. 그들은 분명 예언자적 삶을 살아가셨습니다. 그러나 지금 저는 그런 삶을 살아가고 있을까요?

  본당에 파묻힌 것은 둘째치고 신자들의 잘못된 신앙도 비겁하게 용서하면서 살아가는 저를 발견합니다. 귀찮고 싫으면 떠나면 되지, 하고 포기하는 저를 발견합니다. 여러분은 어떻게 살아가시는지요?

2004년 12월 11일

나를 찾고 주님을 만나는 여정 ✝

지난 주 복음처럼, 오늘도 파견되었던 제자들이 돌아옵니다. 그들은 자신들이 한 일을 예수님께 보고합니다. 예수님은 제자들의 수고를 아시기에 그들에게 외딴 곳으로 가서 쉬자고 하십니다. 복음을 선포하는 데 있어 쉼은 필수적입니다. 쉼이 없는 선포는 자칫 사람들을 짜증나게 할 수 있고, 쉼 없는 봉사는 타인에게 기쁨을 선사하지 못할 수 있습니다. 복음은 쉬는 마음으로 전할 때 비로소 완성됩니다.

예수님은 우리가 쉼을 통해 '듣는 마음'을 얻게 하시려는 것입니다. 듣는 마음은 세상의 소음 속에서도 하느님의 음성을 들을 수 있는 능력입니다. 만약 본당 신부나 수도자의 얼굴에서 차갑고 메마른 감정이 느껴진다면, 그것은 외딴 곳을 찾지 못한 결과일지도 모릅니다. 여가를 즐기고 취미생활을 한다고 해도, 마음의 여유가 없다면 진정한 쉼은 이루어지지 않을 것입니다.

저도 그렇습니다. 저는 이제야 쉼을 받아들였고, 순종하며 쉬고 있습니다. 쉬면서 그동안 깨닫지 못했던 것들을 발견하고, 잃어버린 것과 놓친 것들을 찾아가고 있습니다. 쉬지 못했을 때의 불안함은 이제 안정감으로 바뀌었고, 쉼을 통해 주변의 소리에도 여유롭게 귀 기울일 수 있게 되었습니다.

쉬지 못하면 나를 남을 통해 찾으려 하고, 남에게 보이는 나에게 의지하게 됩니다. 그러면 내 안에 복음이 사라지게 됩니다. 수도자로서, 혹은 공동체의 일원으로서 나는 나를 충분히 쉬게 하고 있는지 돌아보아야 합니다. 외딴 곳이란 스마트폰도 사람도 없는 고립된 장소가 아니라, 내가 나를 잃어버린 곳이 아닐까요?

쉼을 통해 비로소 우리는 나를 만나고, 남의 아픔도 만날 수 있습니다. 그렇게 가엾은 마음, 목자 없는 양들을 향한 예수님의 마음을 품게 될 것입니다. 이는 곧 "빵 다섯 개와 물고기 두 마리"로 배불리시는 주님의 사랑으로 이어질 것입니다.

그러니 오늘, 모두가 편히 쉴 수 있기를 기도합니다. 잘 쉬어야 나를 만나고, 주님의 복음을 살아낼 수 있습니다.

2024년 7월 21일

하느님과 함께하는 신앙 ✝

사람들은 종종 말하곤 합니다. "내 신앙은 철새 같다." 필요할 때만 하느님을 찾고, 잘 나갈 때는 하느님을 모른 척한다는 이야기입니다. 그래서 하느님께 미안하고 죄송하다고도 합니다. 하지만 이것은 하느님을 잘못 이해한 것입니다.

돌아가신 어머니를 떠올려보면, 어머니는 제가 필요할 때만 도움을 청하곤 했던 존재였습니다. 그런데도 어머니는 저를 나무라신 적이 없으셨습니다. 오히려 도움을 드린 것도 아닌데, 어머니는 늘 "네가 고맙다"고 말씀하셨습니다.

어머니께서 돌아가신 후, 참 허전함을 느낍니다. 든든한 뒷배가 사라진 듯한 공허함이 제게 찾아왔습니다. 어머니는 오래전부터 편찮으셨지만, 늘 저를 위해 기도해 주시고, 반찬을 챙겨 주시고, 때로는 잔소리로 저를 이끌어 주셨습니다. 이제야 비로소 깨닫습니다. 어머니의 존재가 얼마나 큰 버팀목이었는지.

하느님은 어떠실까요? 하느님이 내가 필요할 때만 찾는다고 섭섭해하시거나 삐지시는 분일까요? 그렇지 않습니다. 하느님은 오히려 우리가 힘들 때 당신을 잊지 않도록 은총을 베푸시며, 우리가 당신을 부르기를 기다리시는 분입니다.

성경은 말합니다. "주님, 주님 한다고 모두 하늘나라에 들어가는 것이 아니다." 하느님의 말씀을 듣고, 그것을 실행해야 합니다. 힘들고 어려운 상황에서 하느님을 찾는 것은 자연스러운 일입니다. 그러나 이제는 우리의 신앙이 한 단계 더 나아가야 할 때입니다. 힘들고 고통스러운 사람들을 위해 우리가 하느님을 증거해야 합니다. 그들의 이야기를 들어주고, 그들의 고통 속에 함께하며, 그들이 하느님을 찾을 수 있도록 이끌어야 합니다.

하느님은 우리와 함께하시는 분으로 이 땅에 오셨습니다. 예수 그리스도를 통해 그 사랑을 보여주셨고, 교회를 세우셔서 당신이 우리 가운데 함께 계심을 성령으로 알려 주셨습니다. 그래서 우리는 미사 중에 "주님께서 여러분과 함께"라는 인사를 반복해서 듣습니다. 이 인사는 단순한 말이 아니라, 하느님께서 언제나 함께 계신다는 사실을 상기시킵니다.

하느님께서 우리와 함께하신다는 것을 알게 되었다면, 이제는 우리가 그 사랑을 살아야 합니다. 말씀 안에서, 기도 안에서, 봉사와 사랑 안에서 하느님의 동행하심을 실천해야 합니다. 그렇게 살아갈 때, 우리의 신앙은 반석 위에 세운 집처럼 흔들림 없이 오래 지속될 것입니다.

2024년 6월 27일

주님을 맞이하는 바람잡이 세례자 요한 ✝

대부분 순교한 성인은 돌아가신 날을, 순교하지 않은 성인은 탄생일을 성인기념일로 정합니다. 그러나 교회는 세례자 요한 탄생일을 축일로 지내며, 주일 미사보다 우선하는 대축일로 두고 기념합니다. 그 이유는 요한의 탄생이 예사로운 탄생이 아니기 때문입니다.

세례자 요한은 주님의 탄생을 기념하였고, 회개를 외치며 세례를 통해 주님의 복음 선포의 기반을 마련하였으며 주님에게 세례를 베풀어 공생활을 시작하게 하였습니다. 또한 헤로데에게 어처구니 없는 죽음을 당하여 주님의 수난을 예고하였습니다. 그래서 우리는 세례자 요한의 탄생을 예수님의 탄생 6개월 전에 두고 미리 주님의 오심을 준비하였던 그분의 삶을 묵상합니다.

공연장에 가면 공연 전 여러 가지 행사를 하면서 사람들의 시선을 집중하게 하는 이들이 있습니다. 그들은 바람잡이로 관객이 공연에 빠져들게 합니다. 세례자 요한의 삶을 가만히 들여다보면 '그는 바람잡이였구나.' 하는 생각이 듭니다. 자신의 앞가림보다 주님의 일을 준비하였기 때문입니다.

몇 년 전 제가 용봉동에서 보좌를 하면서 한편으로 전남대학교 대학생들을 대상으로 사목을 했습니다. 교구에서 처음으로 시도하는 일이었는데 저는 학교에서 대학생들을 쉽게 만날 수 있어서 그 일을 맡았습니다. 제가 해야 할 일은 준비를 하는 것이고, 어느 정도 자리를 잡으면 교구 청소년 사목국으로 넘어가야 할 일이었습니다. 저는 의욕적으로 일하며 어느 정도 틀을 잡아놓고 발령을 받았습니다. 계획대로 교구 청소년 사목국으로 일임되었지만 무슨 이유인지 흐지부지 없어지게 되었습니다. 그때는 화도 나고 무척이나 배신감을 느꼈습니다. 하지만 나중에 생각하니 제 몫은 바람잡이였습니다. 바람잡이는 본공연보다는 덜 재밌어야 합니다. 약간은 엉성해야 하고 그래서 자신의 막간 연기에도 만족할 줄 알아야 합니다. 사람들의 주의를 끌지만 일단 본 공연이 시작되면 잊혀야 하는 역할입니다. 그렇다면 저는 훌륭한 바람잡이가 되지 못했습니다. 저를 내세우다가 제 본연의 역할을 놓쳐 버렸던 것입니다.

세례자 요한은 기구한 운명으로 태어났고, 들에서 살면서 회개를 외치다 어처구니없는 죽음을 맞으셨지만 분명 최상의 삶이었습니다. 자신의 역할이 바람잡이임을 알고 그것에 최선을 다했기 때문입니다. 우리도 그렇게 살아갑시다.

2007년 6월 24일

삼위의 하느님은 우리의 미래 ✝

　삼위일체 대축일을 맞이하는 오늘 독서와 복음을 살펴보면, 하느님께서 우리에게 주시는 메시지는 분명합니다. 1독서는 모세에게 십계명을 주시며, 야훼라는 이름을 선포하십니다. 그리고 주님을 자비하고 너그러운 하느님, 분노에 더디고 자애와 진실이 충만한 분으로 소개합니다. 2독서에서는 사도 바오로가 코린토 교회 신자들에게 서로 격려하고 평화롭게 살면 사랑과 평화의 하느님께서 함께하실 것이라고 합니다. 복음에서는 하느님께서 세상을 너무 사랑하셔서 당신 외아들을 보내셨다고 합니다.
　하느님께는 상대가 필요했습니다. 하느님의 자애와 진실, 자비와 너그러움은 당신을 주님으로 모시는 이들과의 관계 속에서 빛납니다. 그리고 그들이 서로 기뻐하고 격려하며 뜻을 같이 할 때, 사랑과 평화의 하느님께서 그들 가운데 계신다고 하십니다.
　예수님께서는 이 세상에 오시어 벌과 심판보다 사랑과 평화를 말씀하십니다. 그리고 그것을 제자들에게 늘 말합니다.

"내가 너희를 사랑하는 것처럼 너희도 서로 사랑하라. 이웃을 네 몸처럼 사랑하라. 포도가 가지에 붙어있지 않으면 아무 열매를 맺을 수 없는 것처럼 내 안에 머물러라."

그래서 아버지와 당신이 하나이듯 우리가 하나 되기를 원하십니다. 예수님은 우리가 혼자 당신을 사랑하기보다 서로 사랑하기를 바라십니다.

그러나 현실은 녹록지 않습니다. 코로나19 팬데믹은 신앙생활에 큰 시련을 안겨주었습니다. 외로움과 고립감 속에서 신앙은 약해졌고, 많은 이들이 성당을 떠났습니다. 젊은 세대는 성당에서 점차 사라지고, 교회는 늙어가고 있습니다. 동료 신부들 사이에서는 앞으로 20년 안에 공소가 사라지고 시골 본당들이 공소로 전락할 것이라는 비관적인 예측도 나옵니다. 하지만 이러한 불안과 두려움 속에서도 하느님께서는 우리와 함께 하십니다.

이스라엘 백성이 이집트에서 해방된 후 광야에서 방황하며 하느님을 원망했을 때도, 하느님께서는 자비와 인내로 그들을 이끄셨습니다. 교회가 로마제국에서 공인을 받기까지 400년이 걸렸고, 한국 교회가 박해를 이겨내며 뿌리를 내리는 데 100년이 걸렸습니다. 이러한 긴 여정을 가능케 한 것은 혼자가 아니라 서로를 위해 기도하고 연대하는 힘이었습니다.

교회는 오랜 역사를 통해 사랑과 평화가 혼자서 이뤄지는 것이 아님을 체험했습니다. 그리고 그것이 바로 하느님에게서 비롯되었다는 것을 깨달았습니다. 그래서 교회는 하느님을 삼위의 하느님으로 고백하며 이 셋이 하나라는 교리로 하느님의 사랑을 설명합니다. 삼위의 하느님이 서로를 사랑하는 방식으로 우리가 사랑하도록 이끌어 주시는 것입니다. 하나와 둘은 불안하고 걱정이 많지만 셋이 되면 우리가 되는 것을 알았습니다. 그리고 셋이 완전하다는 것을 우리에게 말하려고 합니다.

삼위의 하느님은 우리가 혼자가 아니라는 것을 일깨워줍니다. 그리고 놀라운 방식으로 어두워 보이는 미래를 비춰줍니다. 교회의 역사가 그러하듯 앞으로도 그럴 것이라고 말해 줍니다. 혼자가 아니라 둘, 둘이 아니라 셋, 셋이 넷이 되고 다섯이 되면 서로를 응원하는 힘이 생깁니다. 셋이 모여 하는 기도는, 성가는 힘이 있습니다. 그러니 삼위의 하느님은 믿는 교리가 아니라 우리의 미래입니다.

서로가 서로에게 의지가 되었으면 좋겠습니다. 서로가 서로에게 앞날이 되면 좋겠습니다. 서로에게 미움이 생기면 다른 이와 함께 미움을 희석하면 좋겠습니다. 우리와 너희를 나누지 않으면 좋겠습니다.

내가 위에 있고 거기에 섞이지 못하는 것이 아니라 기꺼이 빠져들어 서로가 되는 것이 삼위일체의 신비입니다. 내가 나이가 많다, 많이 안다, 그동안 많이 했다, 여기는 원래 그랬다며 남이 나에게 맞춰 주기를 바라는 것이 아니라 서로가 섞여 하나가 되는 삼위일체의 신비가 우리 안에 이뤄지면 좋겠습니다.

2023년 6월 4일

이름 불림으로 시작된 변화 ✝

예리코는 '종려나무의 도시'라는 뜻을 가진, 물이 풍부한 오아시스 도시입니다. 해발 고도가 -258미터로 지구상에서 가장 낮은 곳에 위치한 이 도시는, 자연스럽게 주변의 물이 모여드는 축복받은 땅입니다.

구약성경에서 60번 이상 언급되는 예리코는 이스라엘 백성이 40년간의 광야 생활을 마치고 처음 정복한 가나안 땅이었습니다. 여호수아기에는 예리코 성읍 점령 이야기가, 열왕기에는 엘리사 예언자가 죽은 샘물을 살린 기적이 기록되어 있습니다. 이 '엘리사의 샘물'은 오늘날까지도 예리코 주민들의 중요한 식수원으로 남아있습니다.

이 도시에 자캐오라는 세관장이 있었습니다. 레바논, 시리아와 이어지는 교통의 요지였던 예리코에서 세관장은 환전과 세금 징수를 담당하는 중요한 직책이었지만, 동시에 비리와 갈취의 유혹에 쉽게 노출되는 위치이기도 했습니다.

예수님이 갈릴래아에서 예루살렘으로 가는 길에 예리코를 지나신다는 소식을 들은 자캐오는 예수님을 만나고 싶었습니다. 본래 계산에 능숙했던 그는 예수님과의 만남을 자신의 삶을 변화시킬 기회로 여겼을 것입니다. 군중에 가려 예수님을 볼 수 없게 되자, 그는 나무 위로 올라갔습니다. 평소 사람들에게 존재감 없이 살았던 자캐오는 그렇게라도 변화의 기회를 잡고자했습니다.

예수님이 그를 알아보고 이름을 불러줍니다. 그러자 자캐오는 삶의 전반적인 변화를 결심합니다. 자신의 재산을 나누겠다는 결단은 쉽지 않은 것이었지만, 예수님의 부르심은 그를 완전히 새로운 사람으로 변화시켰습니다.

오늘도 누군가가 우리의 이름을 부릅니다. 비록 부끄럽고 창피한 당당하지 못한 이름일지라도, 누군가가 우리의 이름을 부른다는 것은 그들의 마음 속에 '나'라는 존재가 자리잡고 있다는 의미입니다. 10월의 끝자락에서, 우리 모두가 자신의 이름값을 하는 존재가 되기를 기도합니다.

2022년 10월 30일

찾음에서 만남으로 ✝

요한복음에 등장하는 인물들은 저마다의 목적을 가지고 예수님을 찾아옵니다. 어떤 이는 이스라엘의 독립과 메시아 왕국을 기대하며, 또 어떤 이는 영생을 구하거나 병든 자녀의 치유를 바라며, 혹은 단순히 먹을 것을 얻고자 찾아옵니다. 그러나 요한복음의 마지막에 이르러 그들이 찾는 "무엇"이 "누구"로 바뀝니다. 빈 무덤에서 예수님이 마리아 막달레나에게 "누구를 찾느냐?"고 물으실 때, 그녀는 더 이상 무언가를 얻기 위해서가 아닌 예수님 그분을 찾아온 것입니다.

오늘날 우리도 각자 다른 이유로 예수님을 찾습니다. 마음의 평화와 행복을 찾아서, 하느님의 축복을 바라며, 병의 치유를 위해서, 혹은 성당의 분위기나 아름다운 성가 소리에 이끌려서 옵니다. 때로는 가족의 권유나 의무감으로, 또는 특별한 이유없이 그저 주일이라서 오기도 합니다. 그러나 주님은 우리가 오는 이유를 문제삼지 않으십니다. 오히려 "와서 보라" 하시며, 우리를 따뜻하게 맞아

주시고, 그곳에 머물게 하시며 제자의 길로 이끄십니다.

요한복음에서 예수님의 가르침은 점진적으로 발전합니다. 처음에는 "나를 따르라"는 초대로 시작하여, "내가 진실로 진실로 너희에게 말한다." 며 믿음을 요청하시고, 마지막에는 "나를 사랑하고, 서로 사랑하라"는 사랑의 지상명령으로 완성됩니다.

이러한 발전과정은 우리의 신앙 여정과도 닮았습니다. 처음에는 단순히 따라다니다가, 점차 믿음이 자라나면서 예수님과의 인격적 관계를 맺게 되고, 마침내 예수님과 이웃에 대한 사랑을 실천하는 단계에 이르게 됩니다.

주님께서는 "와서 보라"고 초대하시며, 사람들과 함께 머무셨습니다. 아무리 좋은 것도 직접 경험해 보아야 그 가치를 알 수 있습니다. 그런 경험이 있어야 다른 사람을 초대할 수 있습니다. 올해는 우리가 성당에서 얻은 경험이 무엇인지 돌아보았으면 합니다. 하느님 안에 머물러서 좋은 것이 무엇이었는지, 어떤 기쁨을 느꼈는지 생각해보면 좋겠습니다. 이러한 경험이 다른 이들을 신앙으로 초대하는 밑거름이 될 것입니다.

주님은 오늘도 우리 각자의 이름을 부르십니다. "사무엘아." "케파야" 하고 부르시는 그분의 음성에 우리는 응답합니다. 무엇인가를 찾아 시작된 여정이 이제는 주님을 만나고 그분 안에 머무르는 사랑으로 완성되기를 기도합니다.

2024년 1월 14일

모두가 세례자 요한입니다 ✝

어렸을 때는 늘 주인공만 되고 싶었습니다. 야구를 하면 투수나 4번 타자, 축구를 하면 공격수만 하려고 했습니다. 모든 것이 나를 중심으로 돌아가야 한다고 생각했습니다. 하지만 시간이 지나면서 깨달았습니다. 주인공은 항상 잘생기고 키가 크며 젊어야 한다는 것을요. 저는 무대 위가 아니라 관객석에 있는 사람이 되어가고 있었습니다.

그렇게 시간이 지나니 모든 일에서 주인공이 될 필요가 없다는 것을 알게 되었습니다. 하지만 가끔은 내가 주인공이 아니더라도 적어도 내 목소리가 들리길 바랄 때가 있었습니다. 아무리 일을 해도 티가 나지 않고, 그저 열심히 일만 하는 일개미로 살면서 요령껏 사는 사람들이 더 잘되는 세상이 억울하고 분했습니다. 그래서 세례자 요한의 삶이 이해되지 않았습니다.

그는 자신을 낮추어 신발 끈을 풀어드릴 자격조차 없다고 말했지만, 당대 헤로데도 어쩌지 못할 예언자였고, 그 시대 가장 강력한 권력자에게 옳은 소리를 했던 인물이었습니다. 그런데도 그의 역할은 보지도 못한 이의 길을 준비하는 것이었습니다. 이렇게 살고 싶었을까, 그런 생각이 들었습니다.

보좌신부로 있을 때는 빨리 주임이 되고 싶었습니다. 그런데 막상 주임이 되니 두려움이 앞섰습니다. 첫 주임때는 본당 통장에 돈이 너무 크게 느껴져 밤잠을 설쳤고, 두번째 주임때는 성당을 지어야 한다는 말에 또 잠을 이루지 못했습니다. 준비되지 않았던 일들이 제게 주어졌고, 주변 사람들은 잘해야 한다며 훈수를 두니 더 두렵기만 했습니다.

그렇게 본당에 와서 보니 혼자 하는 게 아니었습니다. 많은 세례자 요한 같은 분들이 제 곁에 계셨습니다. 그분들은 제가 한 일을 대단하다며 제 신발 끈을 풀 자격도 없다며 스스로 몸을 낮추셨습니다. 그분들 덕분에 주임신부로서의 소명을 다할 수 있었습니다.

어떤 분은 이름마저 드러나지 않게 봉사하셨고, 어떤 분은 기꺼이 스스로를 낮추며 성당 일을 도맡아 주셨습니다. 어떤 분은 제가 한 일에 두고두고 감사를 전하셨습니다. 제가 잘했다고 생각했던 모든 일들은 사실 그분들이 만들어준 자리였습니다. 그동안 그들의 헌신과 사랑을 잊고 살았던 것입니다.

우리는 모두 자기 자리에서 위대한 사람들입니다. 훌륭한 부모, 대단한 자식, 자신을 희생하며 길을 마련해주는 세례자 요한 같은 사람들입니다. 본당 신부에게 고개를 숙이며 존경을 전하는 그분들이 진정으로 위대한 분들입니다.

    조연이나 악역이 주연을 빛나게 하듯, 우리 모두는 세례자 요한입니다. 오늘은 모두의 축일이며 모두의 탄생일입니다. 주님을 잘 준비하며 서로의 길을 밝혀주는 삶을 살아가길 바랍니다. "스스로 작아지며 더 커지시는 주님을 위해" 우리도 함께 길을 마련하는 이가 됩시다.

2022년 6월 23일

2장   믿음의 여정

믿음의 선물 ✝

피데이 도눔(Fidei Donum)은 '믿음의 선물'이라는 뜻으로 사제가 부족한 교구로 파견되는 것을 말합니다. 저는 3년간 프랑스 아미앵 교구에 선교를 나가게 되었습니다. 제가 살았던 알베르라는 곳은 인구 2만 명에 62개 성당, 4개 본당에 3명의 신부가 사목하던 곳입니다. 행정구역으로 따지면 지역에 세 번째로 큰 도시이지만 외국인은 보기 드문 곳이었습니다. 그래서 제가 가장 많이 받은 질문은 "여기 왜 왔냐?"는 거였습니다.

프랑스 교회는 유럽의 다른 교회랑 달리 국가로부터 지원을 받지 않습니다. 신부의 삶은 최저생활비를 받기 때문에 주방을 따로 둘 수도 없고, 교무금마저 의무가 아니기 때문에 매년 교회 재정은 궁핍해져서 교회가 가지고 있는 건물을 팔아 신부들의 생활비를 주는 것이 현실입니다. 게다가 젊은이들의 교회에 대한 관심이 줄어들어서 성소자들이 적었습니다. 아미앵교구는 신부 96명 중에 실제 활동하고 있는 75세 미만 신부는 겨우 38명에 불과했습니다. 따라서 신부들이 맡아야 하는 본당 수는 늘어날 수밖에 없고 젊은 신부들은 교구 전반적인 일마저 해야 합니다.

해외 선교사 하면 톤즈의 슈바이처 이태석 신부처럼 집도 지어주고, 학교도 세우고, 병도 고쳐주고, 음악도 가르쳐주는 그런 다재다능한 신부가 떠오르지만 저는 그들에게 해줄 것이 없었습니다. 다만 선교사로서 삶을 저는 그리스도의 육화에서 찾습니다. 그리스도는 인간인 척하시는 것이 아니라 인간이 되셨습니다. 제가 프랑스에 가서 제일 먼저 다짐한 것은 프랑스 사람인 척하는 것이 아니라 프랑스 사람이 되는 것입니다. 그들의 문제를 같이 걱정하고 기뻐하고 고민하는 것입니다. 잠시 후에 떠날지언정 잘못되어가는 것을 두고보지 않고 함께 바꿔나가는 것입니다.

그다음은 함께하는 것입니다. 사제의 해를 맞이하면서 아미앵 주교님께서 본당 신자들에게 가장 많이 던진 질문은 여러분에게 본당 신부는 무엇이냐는 것이었습니다. 성사를 거행하는 존재, 세례 주고, 장례하고, 혼배하는 그런 것 말고 도대체 당신들에게 본당 신부는 무엇이냐는 질문이었습니다.

교회법적으로 본당 신부는 본당 신자들 관할 구역에 사는 신부입니다. 그래서 본당 신부는 신자들 가까이 있는 사람, 함께하는 사람입니다. 예수님의 또 다른 이름은 임마누엘, '하느님께서 함께하신다'라는 뜻입니다. 예수님께서 제자들을 뽑으신 이유 역시 함께하시기 위해서였습니다. 우리가 힘들고 어려울 때 함께 해주는 사람,

기쁠 때 기쁨을 나눌 수 있는 사람이 그리스도 우리 주님입니다. 사제가 제2의 그리스도라면 아마도 그렇게 살아야 할 것입니다.

저에게 여기 왜 왔냐고 물었던 프랑스 신자들이 3년이 지나 돌아갈 때가 되자 진짜로 가야 되냐고 물었습니다. 겨우 세례, 장례, 결혼식 할 때 오는 게 고작인 신자들이지만 자신의 아이를 세례 주고, 부모님의 장례미사를 함께 하고, 자신들을 결혼시킨 멀리 동쪽의 끝에서 온 한국 신부를 기억할 것입니다. 우리 가운데 예수님께서 지내신 것이 3년에 불과하지만 그분의 메시지를 기억하듯 그렇게 신앙 안에서의 만남을 마음에 담을 것입니다.

2010년 10월 23일

겨자씨의 믿음   ✝

오늘 복음에서는 예수님께서 "비유를 들지 않고는 그들에게 아무것도 말씀하지 않으셨다"고 말씀하십니다. 예수님은 하느님 나라의 신비를 누구에게나 전하고자 하셨지만, 세상의 지혜롭고 현명하다는 이들보다는 오히려 비천하고 순수한 사람들에게 그 신비를 전하기 위해 비유를 사용하셨습니다. 비유는 그들이 이해하기 쉽고 친근하게 다가갈 수 있는 방식으로, 일상적인 삶과 주변 환경을 통해 하느님 나라를 설명하기 위한 도구였습니다.

공관복음서에는 약 40여 개의 비유가 기록되어 있습니다. 이 비유들은 예수님의 독특한 교육 방식이자 복음 전승의 핵심입니다. 예수님은 사람들이 일상에서 경험하는 친숙한 소재를 사용해 하느님 나라를 설명하셨습니다. 예를 들어, '씨 뿌리는 비유'는 복음을 받아들이는 자세와 중요성을, '보물과 진주의 비유'는 하느님 나라의 가치를 깨닫고 희생하며 추구해야 함을, '열 처녀의 비유'는 주님의 재림에 대비해 믿음을 준비해야 함을, '착한 사마리아인의 비유'는 어려움에 처한 이웃에게 사랑과 자비를 베풀어야 함을 가르칩니다.

그렇다면 '겨자씨의 비유'는 무엇을 이야기할까요? 얼마 전 평생교육원에서 로고테라피에 관한 김미라 교수의 특강을 들었습니다. 김 교수님의 지인 중 한 분이 네잎클로버를 잘 찾아 그 비결을 물어보니 이렇게 대답했다고 합니다. "나는 네잎클로버가 꼭 있다고 믿어!" 네잎클로버가 꼭 있다고 믿는 사람과 의심하며 찾는 사람의 차이가 바로 결과를 만든다는 것입니다.

겨자씨의 비유도 이와 같습니다. 겨자씨는 매우 작은 씨앗이지만, 자라면 큰 나무가 됩니다. 하지만 척박한 이스라엘 땅에서 겨자씨를 심는 이가 과연 그 씨앗이 큰 나무로 자랄 것을 끝까지 믿을 수 있을까요? 처음에는 믿음이 있었더라도, 척박한 환경 속에서 시간이 지날수록 그 믿음을 유지하는 일은 쉽지 않을 것입니다.

우리의 삶도 마찬가지입니다. 우리는 작은 겨자씨와 같습니다. 그리고 우리 삶의 환경은 종종 척박합니다. 하지만 그럼에도 우리는 믿어야 합니다. "나는 하느님 나라의 큰 나무가 될 수 있다." "나는 하느님 나라에서 영원한 생명을 누릴 것이다." 이 믿음이 바로 우리의 겨자씨입니다.

오늘도 희망을 간직하며 뿌듯한 하루를 보내길 바랍니다. 우리의 시답잖은 기도와 작은 바람이 결국 이루어진다는 희망을 버리지 않기를 바랍니다. 그 일이 이루어질 때까지 우리는 주님을 믿고 또 믿어야 합니다. 작은 겨자씨가 큰 나무로 자라듯, 우리의 작은 믿음도 하느님 안에서 자라날 것입니다. 아멘.

2024년 6월 16일

영원한 생명과 완전함을 향한 여정   ✝

어떤 이가 예수님께 영원한 생명에 대해 묻습니다. 복음을 읽어 보면, 그는 지금 별로 행복하지 않거나 현재의 삶에 만족하지 못하는 듯 보입니다. 아니면 자신이 정말 행복한지를 예수님의 입으로 확인받고 싶었던 걸지도 모릅니다. 이 사람을 마르코 복음에서는 단순히 '어떤 이'라고, 마태오 복음에서는 '젊은이'(마태오 10,20), 루카 복음에서는 '어떤 권력가'(루카 18,18)로 소개합니다. 이 셋을 합치면 "재물이 많은 어떤 젊은 권력가"로 생각해 볼 수 있겠습니다.

눈을 감고 이런 사람을 떠올려 보세요. 그는 행복해 보이나요? 아니면 젊은 나이에 출세한 권력가로서 일에 시달리며 얼굴에 긴장이 가득한 모습이 떠오르나요? 밤늦게까지 퇴근하지 못하고, 울리는 전화기를 끌어안은 모습이 그려지진 않으시나요?

그의 질문은 이렇게 들립니다. "저는 행복하게 살고 싶습니다. 그래서 재물을 많이 모았습니다. 그런데 행복하지 않습니다. 어떻게 해야 합니까?" 그는 단순히 죽은 다음의 삶을 묻는 것이 아닙니다. 그는 지금 이 순간, 영원한 생명을 살고 싶어 합니다. 예수님도 죽은 이후에 영생을 얻는 법이 아닌, 지금 영원히 사는 길을 가르치십니다. 예수님은 그가 가지고 있는 부를 가난한 이들에게 나누라고 하시며, 그 길이 영생에 이르는 길임을 말씀하십니다.

영원한 생명은 돈으로 살 수 없는데, 이 젊은이는 자신의 부를 잃지 않으면서 영원한 생명을 얻고 싶어 합니다. 마태오는 예수님의 말씀을 이렇게 기록합니다.

"완전한 사람이 되려거든 가서 네가 가진 것을 팔아 가난한 이들에게 주어라."(마태 19,21)

하느님께서 완전하시다는 것은 우리를 위해 모든 것을 주셨다는 데에서 드러납니다. 하느님은 당신의 생명과 외아들까지 우리를 위해 내어주셨습니다. 완전한 사람이 된다는 것은 하느님처럼 자신의 모든 것을 내어주고 사랑으로 타인을 채우는 삶을 사는 것입니다.

하느님은 이미 우리를 위해 모든 것을 주셨습니다. 따라서 우리는 이미 완전한 존재이고, 영원한 존재입니다. 그러나 우리의 마음이 하느님이 아니라 재물과 권력에 사로잡혀 있다면, 우리는 하느님을, 그리고 진정한 나를 보지 못할 수 있습니다. 예수님께서 말씀하신 "가진 것을 다 팔아"라는 요청은, 진정한 나를 보지 못하게 만드는 집착과 장벽을 내려놓으라는 의미일지도 모릅니다.

우리가 행복하지 못한 이유는 어쩌면 내가 나를 잃어버리고, 하느님께 온전히 사랑받고 있다는 확신에서 멀어졌기 때문이 아닐까요? 예수님께서는 이렇게 말씀하십니다. "사람에게는 불가능하지만, 하느님께는 그렇지 않다." 이 말씀을 한 단어씩 되새기며 깊이 숨을 들이마시고 내쉬어 보세요. 마음이 뭉클해지고 따스함과 평화가 느껴지지 않으십니까?

2024년 10월 13일

좁은 문으로 가는 길 ✝

복음은 율법과 예언서의 핵심 정신을 단순하면서도 깊이 있는 말씀으로 요약합니다. "남이 너희에게 해 주기를 바라는 그대로 너희도 남에게 해주어라." 이는 원수를 사랑하라는 가르침과 이웃을 네 몸처럼 사랑하라는 예수님 나름의 율법과 토라 해석의 중심입니다. 그러나 이 말씀은 결코 쉽지 않습니다.

예수님은 단순히 선을 베푸는 것을 넘어, 상대가 진정으로 원하는 것을 해주라고 말씀하십니다. 오른쪽 뺨을 맞으면 다른 뺨도 내주고, 천 걸음을 가자고 강요받으면 이천 걸음을 가주라는 것입니다. 예수님은 종보다 노예보다 더 겸손하게 살아가라고 요구하십니다. 이 길이 바로 좁은 문으로 들어가는 길입니다.

예수님이 말씀하시는 좁은 문은 단순히 폭이 좁은 문이 아닙니다. 비좁은 문이라는 그리스어의 뜻처럼, 사람들이 몰려 혼잡하고 들어가기 어려운 문을 가리킵니다. 여유롭고 한적한 문이 아니라 양쪽에서 밀려드는 사람들로 막히고 혼잡한 문으로 가라는 뜻입니다. 이 문은 결코 쉬운 길이 아닙니다.

　우리는 뉴스나 주변 이야기에서 얍삽하고 눈치 빠른 사람들이 성공하고, 기회를 잘 포착하여 쉽게 문제를 해결하는 모습을 자주 봅니다. 반면, 정직하게 살려는 사람들, 구박받고 희생하며 자기 것 하나 챙기지 못하는 사람들은 세상에서 손해를 보는 듯 합니다. 그러나 예수님은 바로 그런 길, 세상에서 바보처럼 보이는 길로 가라고 하십니다. 요령을 부리거나 편법으로 살기보다, 어렵고 힘들어도 바른길로 가라는 말씀입니다.

　이 길은 쉽지 않습니다. 그러나 예수님은 바로 그 비좁은 문으로 먼저 가셨습니다. 그리고 우리에게도 그 길을 따라오라고 초대하십니다. 세상이 요구하는 편리함과 효율을 따르기보다, 진정한 사랑과 정의를 위해 좁은 문을 선택합시다. 그 길 끝에서 주님께서 함께하실 것입니다.

2023년 6월 27일

믿음으로 세속을 넘어　　　　　　　　　　✝

　예수님께서는 산에서 내려오신 후 병자들을 치유하시며 사랑으로 다가가셨습니다. 이어 제자가 되기 위해선 "죽은 이들의 장사는 죽은 이들이 지내도록 내버려 두어라." 라고 말씀하시며, 세속적인 것에서 자유로워질 것을 강조하셨습니다. 하느님께 가까이 갈수록 자유를 얻지만, 하느님으로부터 멀어지면 세상의 노예가 될 위험이 있음을 경고하십니다.
　예수님은 열린 마음으로 사람들을 맞이하셨고, 필요한 이들에게 먼저 다가가셨습니다. 그분의 삶을 보며 우리는 식별, 따뜻한 마음, 그리고 어떤 상황에서도 적응하는 능력의 중요성을 깨닫게 됩니다. 또한 예수님께서 "여우들도 굴이 있고 하늘의 새들도 보금자리가 있지만, 사람의 아들은 머리를 기댈 곳조차 없다."라고 하신 말씀에서, 하느님 중심의 삶으로의 전환을 촉구하시는 것을 알 수 있습니다.
　복음의 중심 장면은 예수님과 제자들이 배에 올랐을 때의 풍랑입니다. 거센 파도가 배를 덮쳤지만, 예수님은 배 안에서 잠을 주무셨습니다. 반면 제자들은 풍랑을 보고 두려움에 사로잡혀 예수님을 깨우며 도움을 청합니다. "주님, 구해 주십시오. 저희가 죽게 되었습니다." 라는 외침은 죽음 앞에서 두려워하는 우리의 모습입니다.

우리 인간은 유한한 존재이기에 삶의 여정 속에서 여러 위기와 두려움을 마주하게 됩니다. 오늘 복음에 등장하는 제자들의 모습은 곧 우리의 모습이기도 합니다.

예수님께서는 "왜 겁을 내느냐, 이 믿음이 약한 자들아!" 라고 말씀하시며 제자들의 믿음 부족을 지적하십니다. 믿음이 부족하면 두려움이 생기고, 위기 속에서 호들갑을 떨게 됩니다. 그러나 예수님은 바람과 호수를 꾸짖으며 자연을 잠잠케하셨습니다.

복음에서 배는 교회를, 바다는 어둠의 세력을 상징합니다. 이는 교회가 어떠한 어려움 속에서도 믿음만 있다면 극복할 수 있음을 가르쳐줍니다. 마찬가지로, 우리 개인의 삶도 믿음으로 세속적 어려움을 이겨낼 수 있습니다.

오늘 하루를 시작하며, 하느님께 속한 사람으로 살아가기를 다짐합니다. 세속적 유혹에 흔들리지 않고, 믿음 속에서 자유롭게 담대히 걸어갈 수 있도록 하느님께서 우리와 함께 하시길 기도합니다. 믿음으로 세속을 넘어, 하느님 안에서 참된 평화를 누리십시오.

2023년 7월 4일

믿음으로 두려움을 넘어 ✝

가브리엘 천사가 즈카르야에게 한 첫 인사는 "두려워하지 마라, 즈카르야야. 너의 청원이 받아들여졌다."입니다. 이는 하느님과의 관계가 여전히 이어져 있음을 상기시키는 말입니다. 하지만 즈카르야는 "제가 그것을 어떻게 알 수 있겠습니까? 저는 늙은이고 제 아내도 나이가 많습니다." 라고 대답하며 의심을 드러냅니다.

사람은 직위가 높아질수록 자신의 경험과 판단을 기준으로 삼아 남의 말을 듣기 어려워진다고 합니다. 즈카르야도 나이와 사제라는 직위로 인해 자신의 경험과 상식을 뛰어넘는 하느님의 약속을 받아들이지 못했을 것입니다. 그러나 흥미로운 점은 하느님이 그의 믿음의 부족에도 불구하고 그의 청원을 들어주셨다는 사실입니다. 이것이 하느님의 자비와 사랑입니다. 믿음이 부족한 즈카르야도 돌보시는 하느님이라면, 믿음을 지닌 이들에게는 얼마나 더 큰 은혜를 베푸실까요?

오늘 복음은 이러한 즈카르야와 대비되는 성모님의 믿음을 보여줍니다. 나이도 어리고, 사회적 지위도 없는 성모님은 하느님의 말씀을 온전히 받아들였습니다. "말씀하신 대로 이루어지기를 바랍니다."라는 그녀의 응답은 우리에게 믿음이 무엇인지를 가르쳐줍니다. 하느님의 약속을 의심하지 않고, 자신의 한계를 뛰어넘는 그 믿음이 세상을 변화시킨 것입니다.

하지만 우리는 어떠할까요? 하느님이 함께하신다는 사실을 믿으며 두려움 없이 살아가고 있습니까? 아니면 우리의 경험과 판단으로 스스로 가능성을 제한하고 있습니까? 즈카르야처럼 "안 될 것 같다."며 주저하고 있지는 않은지 돌아봅니다.

강론을 쓰며 저도 안 된다며 자포자기한 것이 떠올라 가만히 기도드렸습니다. "주님 믿습니다. 그러나 두렵습니다. 그러니 부족한 저를 도와주십시오. 제 청원을 들어주십시오. 제 뜻이 아니라 당신 뜻이 이뤄지도록 이끌어주소서. 제 부족은 당신이 채워 주시고 두려움을 이겨내게 해 주십시오." 아멘.

2023년 12월 19일

날마다 제 십자가를 지고 따르라는 부르심 ✝

오늘 복음은 예수님께서 예루살렘으로 올라가는 여정을 준비하며 하신 말씀을 담고 있습니다. 베드로가 예수님을 "하느님의 아드님 그리스도"로 고백한 직후, 예수님은 당신이 겪을 고난과 죽음, 그리고 부활을 처음으로 예고하십니다. 이어서, 예수님을 따르기 위해 필요한 조건으로 '자신을 버릴 것'과 '날마다 제 십자가를 질 것'을 말씀하십니다.

예수님을 따른다는 것은 단순히 그분을 좋아하거나 믿는 것을 넘어, 그분의 뒤를 지속적으로 따라가는 과정입니다. 이 여정에서 가장 중요한 것은 예수님께 시선을 고정하고 그분과 밀접하며 사랑으로 연결된 관계를 맺는 것입니다. 이 관계를 전제로 자신을 버리고 십자가를 지고 따르라고 말씀하십니다.

하지만 현실 속에서 우리는 십자가를 마주할 때 무력감과 두려움을 느끼곤 합니다. 저 역시 고통스럽고 나약했던 순간들을 지나며, 내 십자가를 놓고 주님께 투정을 부리거나 한숨을 쉬는 일이 많았습니다. "왜 저에게 이런 십자가를 주셨나요?" 하고 화를 내기도

하고, "이 십자가를 지는 것이 부끄럽다"고 숨고 싶기도 했습니다. 그러나 복음은 분명히 말합니다. 고통은 하느님께서 우리와 함께하시지 않는 증거가 아니라, 그분이 가장 가까이 계시는 증거입니다.

순교자들은 내세에 대한 집착이나 자신을 경시해서가 아니라, 하느님에 대한 굳건한 믿음으로 죽음을 넘어섰습니다. 고통과 희생은 그들의 삶의 끝이 아니라, 하느님의 사랑을 통해 세상을 구원하려는 목적을 지닌 것이었습니다.

자신을 버리고 십자가를 지라는 말씀은 단순히 고통을 감내하라는 말씀이 아닙니다. 이는 '생명의 주인이신 하느님을 긍정하라'는 의미입니다. 하느님께서 세상을 구원하신 사랑을 굳게 믿는 것이야말로 인간이 취할 수 있는 최고의 존엄이며, 신앙의 힘입니다.

오늘, 성 김대건 안드레아와 성 정하상 바오로, 그리고 동료 순교자들을 떠올리며, 그들이 감당했던 십자가와 그들의 믿음을 묵상합니다. 비록 우리의 십자가는 그들보다 가볍게 느껴질지라도, 우리 삶 속에서 이를 동반자로 받아들이고, 그 안에서 하느님을 만나길 기도합니다.

주님, 때로는 제 십자가가 무겁고 버겁습니다. 투정부리고, 짜증내고, 숨고 싶을 때도 많습니다. 그러나 제가 이 십자가를 당신과 함께 지며 살아가길 기도합니다. 이 십자가를 통해 당신께 다가가고, 다른 이들을 사랑으로 섬길 수 있는 힘을 주시옵소서. 아멘.

2024년 9월 20일

수호천사로 살아가십시오 ✝

첫 영성체 교리를 받을 때, 아침 기도의 한 구절이 아직도 마음에 남아 있습니다. "언제나 나를 지켜주시는 수호천사여, 인자하신 주께서는 나를 당신께 맡기셨으니 오늘 나를 비추시고 인도하시며 다스리소서. 아멘." 이 기도는 우리의 매일의 삶이 수호천사와 함께하고 있음을 상기시켜 줍니다.

어렸을 때 묵주기도를 하다가 잠이 들면, 아버님께서는 잠들어서 못한 부분은 수호천사가 대신해 준다고 말씀하셨습니다. 수호천사가 하느님을 대신하여 우리를 온갖 유혹으로부터 구해 주고, 하느님과의 관계를 이어주는 다리라고 배웠습니다.

수호천사 기념일은 우리와 함께하는 수호천사를 기념하며 항상 우리를 보호하시며 우리를 하느님 당신에게로 이끄시는 그분의 사랑을 기념하는 날입니다. 가톨릭 교회 교리서 336항은 이렇게 말합니다.

"사람은 일생 동안 어린 시절부터 죽음에 이르기까지, 천사들의 보호와 그들의 전구로 도움을 받는다. 모든 신자들의 곁에는 그들을 생명으로 인도하기 위한 보호자이며 목자인 천사가 있다. 이 지상에서부터 그리스도인들의 삶은 신앙으로, 하느님 안에 결합되는 천사들과 인간들의 복된 공동체에 참여한다."

오늘 성무일도의 독서기도에서 베르나르도 아빠스는 수호천사들에 대해 이렇게 설명합니다.

"천사들은 현존하고, 당신의 동반자로서만이 아니고 수호자로서 당신 앞에 있습니다. 그들은 당신을 보호하기 위해 당신을 도와주기 위해 현존합니다. 비록 그들에게 임무를 준 것은 주님이시지만, 그들이 그렇게 할 때 큰 사랑으로 하느님께 순종하는 것뿐만 아니라 어려움 가운데 있는 우리를 돌보아 주는 것이기 때문에, 우리는 그들에 대해 고마움을 느끼지 않으면 안 됩니다."

수호천사는 단지 보호자일 뿐만 아니라, 우리가 올바른 길로 나아갈 수 있도록 돕는 동반자입니다. 하느님은 우리가 현명한 삶을 살아가기를 바라시며, 이를 위해 우리 곁에 수호천사들을 두셨습니다.
10월에 수호천사를 기념하는 이유는 우리의 삶이 단지 수호받는데에 그치지 않고, 다른 이를 위한 수호천사가 되기를 바라는 하느님의 부르심입니다. 전교의 사명을 실천하며, 우리의 삶을 통해 그리스도의 사랑을 전하고, 우리가 만나는 이들에게 희망과 평화를 전하는 것이야말로 진정한 수호천사의 모습일 것입니다.

2004년 10월 2일

비틀어진 신앙을 바로잡는 시간 ✝

저는 늘 신앙은 습관이라고 말합니다. 또한, 기도는 하느님의 부르심에 대한 인간의 응답입니다. 하느님은 우리 일상 속에서, 특히 이웃을 통해 우리를 부르십니다. 그래서 일상 속에서 매일 하느님을 만나는 것이며, 특별한 기도보다도 습관처럼 신앙을 실천하며 사는 것이 중요합니다.

몸에 한 군데 아픈 곳이 생기면 잘못된 습관으로 인해 다른 곳에도 말썽이 생기기 마련입니다. 그렇게 되면 몸 전체가 더 망가질 수 있기 때문에 문제를 초기에 치료해야 합니다. 잘못된 자세로 계속 생활하다 결국 더 큰 고통을 겪게 됩니다.

사순 시기는 우리의 잘못된 습관, 즉 비틀어진 신앙을 바로잡는 시간일지도 모릅니다. 내 삶이 편하다는 이유로 잘못된 상태를 그냥 두고 살아간다면, 더 큰 문제로 이어질 것입니다. 지금 이 순간 번거롭고 귀찮더라도, 필요한 변화와 결단으로 잘못된 습관을 고쳐야 합니다.

이 시기는 신앙을 바로 세우는 데 최적의 기회입니다. 조금 불편하고 고통스러울 수 있지만, 신앙을 바르게 하기 위해 노력해야 합니다. 이러한 과정은 단순히 번거로움을 넘어 우리 영혼을 새롭게 하는 여정입니다.

바른 신앙을 위한 첫걸음은 작은 습관을 만드는 데서 시작됩니다. 주님의 기도는 이 신앙의 습관을 시작하는 좋은 기도입니다. 매일 주님의 기도를 습관적으로 올리며, 그 안에서 우리의 삶을 돌아보고 하느님의 뜻을 되새깁시다.

2023년 2월 28일

3장 기도와 성찰

삶의 오아시스와 같은 감사와 기도 ✝

교종 프란치스코 묵상집에서 이런 글을 보았습니다.

주님의 사랑을 잘 느끼지 못하는 사람들도 많지만 우리는 정말 큰 은총을 받고 있습니다. 주님은 항상 우리를 먼저 기다리고 계십니다. 우리가 받은 은총 가운데 가장 중요한 것을 하나 꼽자면, 바로 주님의 기다림입니다. 주님은 여러분이 죄를 짓더라도 기다리시다가 용서하십니다. 이스라엘 예언자는 이를 두고, 주님은 마치 편도나무 꽃과 같다고 말했습니다. 편도나무 꽃은 봄에 가장 먼저 피는 꽃입니다. 봄이 되면 먼저 피어 다른 꽃들이 피는 것을 기다립니다. 이와같이 주님도 우리를 기다리십니다.

대림은 우리가 주님을 기다린다고 생각했는데 교종의 글을 보면서 어쩌면 주님이 우리를 기다리고 계시구나 싶었습니다. 그러고 보니 매일 미사에 크게 이렇게 쓰여 있더라고요.

"너희 가운데는 너희가 모르는 분이 서 계신다."

우리가 알아채기도 전에 주님은 이미 우리 곁에 와 계십니다. 주님은 우리가 당신을 알아보고, 당신의 사랑을 깨닫기를 기다리고 계십니다. 우리는 알아차리지 못하지만 주님은 늘 우리 가운데 분명히 서 계십니다. 이 사실을 믿는 사람과 믿지 않는 사람 사이에는 은총의 차이가 분명히 나타납니다.

같은 업종에서 장사를 하는 두 형제가 있었습니다. 한 형제는 식구가 많고 병자도 있으며 늙은 부모를 모시고 있어 항상 바쁘고 힘들었습니다. 그럼에도 그는 늘 밝고 행복해 보였습니다. 사람들이 "뭐가 그렇게 좋으냐?"고 물으면, 그는 늘 같은 대답을 했습니다.

"예수님이 함께 계시니 좋지요."

반면, 다른 형제는 식구도 적고 경제적으로 여유도 있었지만 늘 불평과 불만으로 가득했습니다. 장사가 잘되는데도 부부간에 화목하지 않았고, 술만 마셨다 하면 집안이 난리가 났습니다. 사람들이 "도대체 무엇이 불만이냐?"고 물으면 그는 이렇게 대답했습니다.

"세상이 뜻대로 안 됩니다."

맞는 말입니다. 주님이 함께하심을 깨닫지 못하면 세상은 결코 뜻대로 되지 않습니다. 그렇게 되면 삶은 삭막하고 고달프며, 평생 슬픔 속에서 방황하게 됩니다.

바오로 사도는 항상 기뻐하라고 외쳤습니다. 그런데 왜 많은 사람들이 기쁘게 살지 못할까요? 왜 많은 사람들이 감사하지 못하고 불평 속에서 살까요? 이유는 한 가지입니다. 기도가 없기 때문입니다. 기도가 없는 인생은 사막에 오아시스가 없는 삶과 같습니다. 기도는 영혼의 갈증을 해소하고, 하느님께 나아가는 통로가 됩니다. 기도를 통해 우리는 하느님께서 주시는 기쁨과 평화를 경험합니다.

참 기쁨은 남을 기쁘게 하는 데 있습니다. 없는 자들에게 나눠주고, 불쌍한 사람들을 찾아보십시오. 참된 기쁨이 바로 그곳에 있습니다. 그리고 무엇보다도 기도하십시오. 하느님을 통해 느끼는 기쁨과 무한한 감사가 우리의 인생을 풍요롭고 충만하게 만들어 줄 것입니다.

기도와 나눔 속에서 하느님이 주시는 참 기쁨을 발견하며 살아가길 소망합니다. 아멘.

2023년 12월 17일

하느님의 뜻이 이루어지기를 청하는 기도 ✝

"저는 남자를 알지 못하는데, 어떻게 그런 일이 있을 수 있겠습니까?" "성령께서 너에게 내려오시고 지극히 높으신 분의 힘이 너를 덮을 것이다. 그러므로 태어날 아기는 거룩하신 분, 하느님의 아드님이라고 불릴 것이다. …… 하느님께는 불가능한 일이 없다."

(루카 1,34-35)

마태오와 루카 복음서는 서두에서 예수님 탄생 이야기를 합니다. 그것은 역사적 사실 보도가 아니라, 초기 신앙인들이 예수님에 관해 믿던 바를 구약성경의 표현을 빌려 이야기로 만들어 기록한 것입니다. 예수님을 주님이자 하느님의 아들로 믿던 신앙인들이 예수님은 인류의 후손이 아니라 하느님의 특별한 배려로 태어난 생명임을 밝히는 데에 초점을 두고 있습니다.

가브리엘 천사는 "성령께서 너에게 내려오신다."라고 마리아에게 말합니다. 이 말은 하느님이 세상을 창조하실 때, 혼돈 위에 성령이 내려오셨다는 창세기의 말을 상기시킵니다. 이제 마리아 안에 새로운 창조가 시작된다는 말입니다. 예수님은 하느님이 새롭게 창조하신 생명이라는 뜻입니다. 또한, "지극히 높으신 분의 힘이 너를 덮을 것이다"라는 말씀은 탈출기의 하느님 현존의 상징을 떠올리게 합니다. 모세가 하느님을 위한 만남의 장막을 세우자, 하느님의 현존을 나타내는 구름이 그것을 덮었습니다. 이 장막은 이스라엘과 함께하시는 하느님의 상징이며, 성전의 기원이 되었습니다. 마리아는 하느님이 머무시는 성전으로 묘사되는 것입니다.

'하느님께는 불가능한 일이 없다'는 것을 증명하기 위해서 천사는 엘리사벳의 이야기를 꺼냅니다. 이를 통해 아이를 낳지 못하는 여인인 엘리사벳이 하느님의 특별한 배려로 아들을 낳아서 구원 역사에 중요한 인물이 태어나듯이, 마리아에게 잉태되는 아기도 하느님의 특별한 배려로 태어나는 생명임을 전합니다. 이것은 마리아를 높이는 것이 아니라 잉태된 예수님의 신원이 하느님 안에 있다는 사실을 알리는 것입니다.

이제 우리는 우리 신앙의 고백을 마리아를 통해서 듣게 됩니다.

"저는 주님의 종입니다. 말씀하신 대로 저에게 이루어지기를 바랍니다." 이를 우리는 한마디로 '아멘'이라고 합니다.

> 누구든지 나를 사랑하면 내 말을 지킬 것이다. 그러면 내 아버지께서 그를 사랑하시고, 우리가 그에게 가서 그와 함께 살 것이다.
>
> (요한 14,23)

마리아께서 예수님을 잉태하면서 하느님의 성전이 되었듯이 예수님의 말씀을 받아들이고 실천하는 그리스도 신앙인 안에도 하느님이 계시다는 말입니다. 따라서 우리는 하느님의 뜻이 자기 안에서 이루어지기를 빌면서 삽니다.

우리의 신앙은 마리아를 닮아야 합니다. 우리의 뜻이 아니라 내가 하느님의 뜻을 좇아 살아야 합니다. 그러기 위해서는 무엇보다도 "나는 주님의 종입니다. 말씀하신 대로 저에게 이루어지기를 바랍니다. 아멘." 하고 기도해야 합니다.

이제 성탄 시기에 들어서며, 우리의 기도가 다시금 하느님의 뜻을 구하는 기도로 이어지길 바랍니다. 내 뜻이 아니라 하느님의 뜻이 이루어지길 청하며, 진심을 담아 이렇게 고백합시다.

"아멘!"

2023년 12월 24일

기도는 말하는 것이 아니라 듣는 것 ✝

'신앙은 습관이다. 교회는 수평적 공동체, 나누는 공동체, 함께 하는 공동체, 은사는 직무다. 마지막으로 기도란 하느님의 부르심에 대한 인간의 자발적 응답행위이다.' 이 문장은 우리가 신앙생활에서 자주 되새기는 핵심입니다. 그러나 단순히 주입식으로 되뇌기보다, 이 메시지를 우리의 삶 속에서 어떻게 실천할지 고민해봐야 합니다.

우리의 종교는 계시종교입니다. 하느님께서 먼저 당신의 모습을 드러내십니다. 창세기에서 하느님은 빛과 어둠, 물과 물 사이, 땅과 바다를 갈라놓으며 세상을 정리하고, 그곳에 하나씩 생명을 불어넣으셨습니다. 이렇게 당신의 창조를 통해 우리에게 말을 건네셨고, 당신의 모습을 드러내셨습니다.

기도는 바로 이 하느님의 말씀에 귀 기울이는 행위입니다. 기도는 우리가 말을 많이 해서 하느님께 들려드리는 것이 아니라, 하느님이 우리에게 건네시는 말씀을 듣는 것입니다. 하느님은 우리의 마음을 알고 계십니다. 아이의 마음을 알아차리는 부모처럼, 하느님은 우리의 모습과 마음을 이미 헤아리시는 분입니다. 따라서 기도는 우리의 마음을 하느님께 열고, 그분의 말씀을 들으며, 삶 속에서 이를 실천할 길을 식별하는 과정입니다.

순명이라는 말은 라틴어로 'oboedientia'인데 그 어원은 라틴어 동사 'audio' 즉 '듣다'에서 유래합니다. 라틴어 'audio'는 경청을 의미합니다. 즉 순명은 주의를 기울여 듣고 따르는 것입니다. 그런데 아무 말이나 따르는 것이 아니라 이것이 정말 교회와 복음에 적합한 것인지 식별이 필요합니다. 식별하다의 프랑스어는 'discerner'입니다. 사전에서 이 단어의 뜻은 (감각에 의해) 인지하다는 의미입니다. 즉 어떤 상황에서 동물적으로 즉각 이것을 따라야 하는지 아닌지를 구별할 수 있어야 한다는 의미입니다. 따라서 순명은 귀 기울여 듣고, 식별하여 하느님의 뜻에 따라 행동하는 것이라 할 수 있습니다.

주님의 기도는 그 본질을 담고 있습니다. 주님께서 가르쳐주신 이 기도는 우리에게 매일 가장 필요한 기도이며, 하느님의 뜻을 깨닫고 따르는데 중심이 됩니다.

하느님께서는 이미 우리의 마음을 알고 계신 분이십니다. 이제 우리가 해야할 일은 우리의 분주함을 멈추고, 조용히 그분의 음성을 듣는 것입니다. 그리고 그 말씀 속에서 우리의 삶을 이끌어갈 길을 식별하는 것입니다.

2023년 6월 22일

기도는 하느님의 부르심에 대한 인간의 응답 ✝

　미사 중에 신자들은 자연스레 "아멘" 할 때 고개를 숙이거나 사제가 "사제의 영과 함께"라고 할 때 고개를 숙입니다. 때로는 이유를 모르고, 남들이 하니까 무심코 따라하기도 합니다. 그러나 예수님께서는 단순한 관습 이상의 것을 요구하십니다. 그분은 말씀하십니다. "나는 너희에게 말한다." 이는 그의 말이 율법보다 권위 있음을 이야기합니다.
　예수님의 시대, 율법은 구원을 얻기 위한 절대적인 기준으로 여겨졌습니다. 금지조항으로 가득한 율법은 사람들에게 무엇을 하지 말아야 하는지를 가르쳤습니다. 마치 아이들에게 "안 돼!"라는 말을 반복하는 부모처럼, 사람들은 금지된 행동을 피하려 노력했지만, 무엇을 해야 하는지 알지 못해 늘 죄책감에 살아야 했습니다.
　예수님은 이러한 패러다임을 바꾸고자 하셨습니다. 그분은 율법을 단순히 지키는 것을 넘어, 하느님과 이웃을 사랑함으로써 의로움을 완성하라고 가르치십니다.

하느님은 우리가 율법을 지킨다고 구원하는 존재가 아닙니다. 그 분은 이미 은총을 베풀어 주셨고, 우리가 그 은총을 선택하기를 기다리고 계십니다. 하느님은 우리를 포기하지 않으시고 당신이 내민 손을 잡기를 기다리시는 분입니다.

기도는 단순히 우리의 요청이 아닙니다. 그것은 하느님의 부르심에 대한 인간의 응답입니다. 우리는 하느님 앞에서 죄를 지어 부끄럽고, 그래서 멀리하려 하지만, 하느님은 언제나 우리를 용서하시고 다시 품어주십니다. 내 아이는 절대 그럴 아이가 아니라며 옷에 묻은 흙을 툭툭 털어주시는 분입니다.

예수님께서는 참행복선언을 통해 우리를 세상의 빛과 소금이 되라고 초대하셨습니다. 그분은 단순히 법을 따르라고 명령하시는 분이 아닙니다. 우리의 마음을 먼저 품으시며, 우리가 스스로 신앙의 길을 걸으며 그 기쁨을 깨닫게 하십니다.

그래서 오늘 화답송이 더 가슴에 와닿습니다.
"행복하여라. 주님의 가르침을 따라 사는 이들."

2023년 2월 12일

죽은 이들을 위한 기도   ✝

　죽음은 영혼과 육신이 분리되는 순간입니다. 그러나 그보다 더 중요한 것은 이 순간이 영원한 삶과 영원한 죽음을 판가름하는 결정적 순간이라는 사실입니다. 죽음은 단순한 끝이 아니라 인생의 모든 것을 청산하고 하느님의 심판을 통해 영원한 상태로 들어가는 문입니다.
　죽는 순간이 어떠했느냐에 따라 영혼의 모습은 결정됩니다. 또한 죽은 다음 세상 사람들로부터 받는 기도의 효과도 달라집니다. 그래서 교회는 잘 죽는 것, 즉 선종의 은혜를 큰 복으로 여깁니다. 하지만 선종의 은혜를 받기 위해서는 무엇보다 잘 살아야 합니다. 잘 사는 사람은 결국 잘 죽게 마련입니다.
　가장 복된 죽음으로 여겨지는 예는 성 요셉의 선종입니다. 그가 죽을 때 예수와 성모께서 옆에 계셨으니까요. 이런 이유로 성요셉은 임종자의 수호성인입니다.
　교회는 오래전부터 연옥의 교리를 믿어왔습니다. 연옥은 죽은 이들이 보속을 치르고 영원한 생명으로 나아가는 정화의 과정입니다. 이 믿음 때문에 우리는 죽은 이를 위해 떳떳하게 기도할 수 있습니다. 그러나 일부 개신교에서는 연옥을 부정하고, 죽은 이 앞에서 기도를 하지 않습니다. 더 나아가 비신자인 채 죽은 이들을 위해 기도 할 수 있는가 하는 질문을 하기도 합니다. 제2차 바티칸 공의회 이후로 교회는 모든 인류가 하느님 나라로 초대 받았음을 강조하며 비신자를 위해서도 기도해야 한다고 가르칩니다. 우리의 기도는 하느님의 자비와 사랑 안에서 비신자의 영혼에게도 은총을 가져다 줄 수 있기 때문입니다.

특히 죽기 전에 진심으로 자신의 죄를 뉘우치고 통회한 이들은 하느님의 특별한 은총을 받을 수 있습니다. 이는 하느님의 신비에 속하는 영역이므로, 우리는 인간의 판단을 넘어서 하느님께 그들을 맡기고 그들을 위해 기도해야 합니다.

그리스도인들에게 죽음이 결국 이득이 되는 것은 바로 그리스도께서 그들의 생명이기에 그렇습니다. 죽음은 그리스도와 함께 영원한 생명으로 나아가는 시작입니다. 바오로 사도가 말했듯, 그리스도인은 "세상을 떠나 주님과 함께 살기를 갈망" 합니다.

이 미사를 봉헌하면서, 먼저 세상을 떠난 이들이 주님의 품에서 영원한 기쁨을 누리기를 기도합시다.

2018년 11월 2일

준비 없이 스쳐 지나가는 것들 ✝

뉴스에서 첫눈 소식을 들었습니다. 순간, 월동 준비는 되어 있을까 생각이 스칩니다. 성당에 모래나 염화칼슘이 충분히 준비되어 있을까? 눈이 오면 많이 미끄러울 텐데 무슨 준비를 해야 할까? 온갖 걱정이 앞서옵니다.

노아 때는 홍수로 세상이 끝났고, 롯 때는 소돔과 고모라가 유황불로 멸망했습니다. 이들은 다가올 재앙의 징조를 알고 미리 준비했습니다. 준비한 자는 자신이 있던 곳을 떠나 구원받았지만, 준비하지 않은 자들은 징조를 깨닫지 못하고 일상의 먹고 마시는 일에만 몰두하다가 재앙을 맞았습니다.

징조는 늘 있습니다. 그러나 사람들은 미처 깨닫지 못하거나, 깨닫더라도 준비하지 않습니다. 그리고 그날은 우리의 죽음처럼 예상하지 못한 때에 갑자기 찾아올지 모릅니다. 대림 시기가 다가오면서 종말에 대해 자주 묵상하게 될 것입니다. 준비 없는 종말은 얼마나 비참하고 잔인한지 자주 언급하게 됩니다. 그러나 종종 우리는 이 이야기를 내 일이 아니라며 흘려듣습니다. 이 말을 전하는 저 또한 다르지 않습니다.

만일 정신을 차리지 않는다면, 올해도 어느새 끝나버리고 우리는 또 한숨만 쉬게 될 것입니다. 준비 없는 삶은 불안과 후회로 가득 찰 수밖에 없습니다.

첫눈 소식처럼, 우리의 삶에 다가올 징조를 미리 깨닫고 준비하는 지혜를 청합시다.

2023년 11월 17일

무엇이 진정 중요한가 ✝

우리는 종종 '내 주변의 모든 사람에게 사랑과 인정을 받아야 한다.'는 비합리적인 생각에 사로잡힙니다. 모든 사람들에게 사랑과 인정을 받기 위해서 노력하고 있습니까? 그러나 현실적으로 이는 불가능한 일입니다. 성녀 마더 데레사 역시 생전에 모든 사람에게 인정받지는 못했습니다. 어느 날, 마더 데레사가 빵을 구하기 위해 다른 수녀님과 함께 어느 마을의 빵집을 찾아갔습니다. 그런데 빵집 주인은 온갖 욕을 하면서 기부하는 것을 거부했습니다. 이에 수녀님은 억울한 마음으로 성녀에게 이렇게 말했습니다.

"수녀님, 정말로 너무하지 않습니까? 수녀님께서는 전 세계가 인정하는 살아있는 성녀가 아니십니까? 수녀님을 몰라보고 저런 말과 행동을 어떻게 할 수가 있지요?"

그러자 성녀께서는 아무렇지도 않은 듯이 이렇게 말씀하셨습니다.

"저는 빵을 구하러 왔지, 자존심을 구하러 오지 않았습니다."

성녀께서는 모든 사람에게 사랑과 인정을 받을 수 없다는 것을 잘 알고 계셨던 것 같습니다. 그래서 그러한 모욕을 당해도 아무렇지 않았던 것이지요. 그래서 자신에게 진정 중요한 것이 무엇인지를 잊지 않았습니다. 바로 배고파하는 이들을 위해 빵을 구하는 것이었지요. 세례자 요한 또한 삶에서 가장 중요한 것을 놓치지 않았던 사람입니다. 그는 사람들에게 사랑과 인정을 받으려 노력하지 않고, 오로지 주님을 세상에 알리는 일에 헌신했습니다.

구약의 제사에서 숫양 등의 여러 종류의 동물이 사용되었는데, 이 중에 어린 양은 백성을 위하여 매일 바치는 번제물 가운데 최상의 제물이었습니다. 바로 주님께서는 우리를 위해 최상의 제물로 이 땅에 오셨습니다. 세례자 요한은 이 사실을 누구보다도 잘 알고 있었으며, 이를 세상에 증언합니다. 이는 그가 광야에서 죄를 짓지 않고 철저하게 하느님 아버지 품에 머물렀기 때문에 가능했습니다. 그래서 성령께서 비둘기처럼 하늘에서 내려오시어 예수님 안에 머무르시는 것을 볼 수 있었던 것이지요.

우리도 묻지 않을 수 없습니다. "나는 무엇을 가장 중요하게 생각하고 있는가?" 혹시 사람들에게 사랑과 인정을 받지 못한다고 억울해하고 분해하며, 진정 중요한 것을 놓치고 있지는 않나요? 세상의 기준에 따라 살다가 주님과 멀어지고 있는 것은 아닌지 묵상해야 합니다. 마더데레사와 세례자 요한처럼, 우리가 추구해야 할 것은 사람들의 인정이 아닌 하느님 뜻과 사랑에 머무르는 삶임을 잊지 말아야 하겠습니다.

2024년 1월 3일

우리에게도 요나의 기적은 필요하다 ✝

정신없이 지내다가 누군가의 지적에 제 행동을 돌아볼 때가 있습니다. 그럴 때면 내가 정말 그랬구나 하는 생각에 뉘우치고 조심하게 됩니다. 그런데 저를 깨우치는 사람들이 줄어가는 현실이 가끔은 서글프기도 합니다. 보좌 신부일 때 가끔 신자들이 주임신부님의 눈을 멀게 하여 잘못을 보지 못하게 하는 모습을 보며 힘들었던 기억이 납니다. 나쁜 일이나 문제가 있는 일은 모르게 하고 좋은 일은 다 신부님 덕으로 돌리면서 좋은 소리만 골라서 하니 신부님의 눈을 멀게 하는구나 싶어 안타까운 적도 있습니다.

요즘 제 모습이 그렇지는 않았는지 생각합니다. 듣기 좋은 소리만 들으려 하고 싫은 소리에는 마음의 문을 닫아 버린 건 아닌가 하고요. 그러니 신자들도 제게 싫은 소리보다는 좋은 소리만을 하려고 하겠지요.

저는 제 행동을 돌아보게 해주시는 분들이 참 고맙습니다. 저를 뒤돌아보고 뉘우칠 기회를 주었으니 더없이 감사한 일이지요.

반대로 행동을 고쳐줄 요량으로 남에게 싫은 말을 해야 하는 사람의 심정은 어떠할까요? 분명히 말하기가 어렵고 이 말을 해서 혹여 상대방이 마음은 상하게 되지 않을까 걱정을 하겠지요. 혹여 상대가 불편할까 걱정되어 사실을 전하는 것이 두려울 수도 있습니다.

복음에서 말하는 요나의 기적은 무엇일까요? 니네베는 이스라엘을 다스리던 국가이기에 이스라엘 백성인 요나가 니네베 왕에게 가서 싫은 소리를 한다는 것은 목숨을 내놓아야 할 만큼 어려운 일이었을 것입니다. 그래서 요나는 도망을 가려고 했지만 기적적으로 살아나 니네베로 가서 하느님의 말씀을 전합니다. 니네베 왕과 백성은 요나의 말을 귀담아듣고 회개할 준비를 합니다. 그리하여 결국 하느님의 구원을 받을 수 있었던 것입니다.

저는 기도합니다. 제가 니네베 왕이나 백성과 같이 남의 소리를 듣게 해달라고요. 칭찬하는 말보다 저를 탓하거나 비난하는 이야기를 잘 들을 수 있는 힘을 달라고 말입니다. 또한 그런 말을 할 수 있는 신자들을 달라고 기도드립니다.

2007년 2월 28일

교회 노숙자를 위한 성화 기도를 청하며 ✝

어렸을 때 제 꿈은 신부였습니다. 그래서 언제나 장래 희망에 '신부'라고 썼고 중학교와 고등학교 때는 예비 신학생인 친구들이 좋아서 즐겁게 지냈습니다. 친구들이 다들 신학교를 간다고 하니 저도 신학교를 갔습니다. 신학교에 가서 보니 신부는 직업이 아니랍니다. 직업은 그것으로 먹고사는 것인데 신부는 먹일 사람도 키울 사람도 없다면서 직업이 아니라 '소명'이라는 말을 들었습니다.

그때부터 장래 희망을 찾기 시작했습니다. 아빠가 직업이 아니듯 신부도 마찬가지라니 그럴듯한 직업을 찾아야 했습니다. 교회 관리인이라고 하기에는 너무 노골적이고 좀 적당한 것으로 찾고 있었는데 어떤 사람이 사목노동자라는 말을 하였습니다. 교회의 녹을 먹으니 그것도 맞는 말인데 교회에서 녹을 주지 않는다고 때려치울 것인가 생각해 보니 그것은 또 아니었습니다. 다시 마음을 고쳐먹고 그때부터 제 직업은 '교회 노숙자'라 칭하기로 했습니다. 이 교회 저 교회 돌아다니면서 잠시 사는 것이니 그게 적당할 것 같았습니다. 그리고 직업란에는 당당히 '무직'이라고 썼습니다.

아무튼 지금은 신부가 되었고, 신학생 때의 장래희망대로 교회 노숙자가 되었습니다. 그것이 소명이든 아니든 이렇게 신자들 앞에 서 살아가고 있으니 꿈은 이룬 것 같습니다.

그런데 신부가 되어 보니 나타나신 성모님들은 하나같이 사제 성화를 위해서 기도하라 하고, 교회는 전례력에 사제성화를 위해서 기도하는 날을 정해 두고 기도합니다. 신부가 되기는 했는데 부족하니 그렇게 하는가 봅니다.

신부는 신 신(神)자에 아비 부(父)자로 쓰는데, 믿을 신(信)자에 지아비 부(夫)자가 되었다면 더 좋지 않을까 싶습니다. 믿는 이들의 동반자라 생각하니 멋있습니다. 그런데 동반자로서 믿음이 부족하니 성모님께서 애타셔서 사제성화를 위해 기도하라 하시고 교회도 그렇게 하겠지요. 예수성심 대축일을 맞이하면서 예수님의 마음도 그러하실 것 같습니다. 사제들이 성화 되지 않았으니 말이지요.

저 역시 신자들을 만나면서 예수님의 마음을 알아가기도 하지만 가끔은 예수님 마음과 달리 살아갑니다. 그래서 신자들에게 감히 기도를 청합니다. 제 성화를 위해서 기도해 주십시오.

2007년 6월 15일

4장 예수님의 삶과 가르침

말씀이 사람이 되어 우리 가운데에 ✝

제가 프랑스 북부 아미앵 교구 알베르 본당으로 파견되어 갔을 때, 첫 강론의 첫마디는 한국말이었습니다. "안녕하세요. 저는 조발 그니 빈첸시오입니다. 저는 한국말을 굉장히 잘해요. 그리고 아마도 어느 순간 프랑스말도 더 잘할 거예요." 이전에도 프랑스에서 살아본 적이 있지만, 새롭게 적응해야 했습니다. 일로성당에서 보좌로 있을 때는 이치코프를 배웠고, 서산동에서는 성전을 짓느라 공사 용어를 익혔습니다. 학생들과 함께 학교에서 지낼 때는 그들의 언어가 제 일상어가 되었습니다.

신부로서 살아가면서 가장 중요한 것은 말씀이 사람이 되어 우리 가운데 사신다는 육화의 신비입니다. 말씀이 육화된다는 것은 단순히 말을 전하는 것을 넘어, 그 말씀이 사람 안에서 살아 움직이며 그 삶을 통해 실현되는 것을 의미합니다. 제가 프랑스어를 아무리 잘하게 된다 해도, 그것만으로는 충분하지 않습니다. 그들의 생활을 이해하고, 이를 강론으로 말하고 말씀을 선포해야 합니다.

"말씀이 사람이 되어 우리 가운데 오셨다." 그러나 복음에서 말하는 세상은 그분을 알아보지 못했습니다. 그럼에도 예수님은 포기하지 않으셨습니다. 예수님은 사람이 되신 것만이 아니라, 우리 가운데 사시며 말씀을 가르치고, 기적과 치유를 행하시고, 기도를 가르쳐 주셨습니다. 특히, 우리를 하느님 나라로 초대하며, 하느님을 우리의 아버지로 부르게 하셨습니다. 그분은 우리가 이해할 수 있도록 비유를 들려주며 하느님 나라의 의미를 깨닫게 하셨습니다. 이러한 예수님의 노력 덕분에 많은 이들이 그분을 믿게 되었습니다.

그러나, 세상에는 여전히 예수님을 시기하고 질투하며, 자신이 더 잘났다고 믿는 어리석은 사람들이 있었습니다. 예수님의 회개 선포는 그들 탓에 물 건너간 것처럼 보였습니다.

그렇다면 예수님이 이 세상에 말씀이 되어 오심은 실패로 끝난 일이었을까요? 예수님은 실패로 끝나는 분이 아니십니다. 그분은 새로운 일을 시작하십니다. 당신을 따르는 이들을 통해 복음의 일을 이어가십니다. 예수님이 시작하신 하느님 나라 운동은 실패로 끝난 것이 아닙니다. 그것은 오늘날에도 우리의 삶 속에서 계속되고 있습니다. 말씀이 사람이 되어 우리 가운데 오신 예수님은 여전히 우리를 통해 당신의 사명을 이어가고 계십니다.

모두의 사랑 속에, 예수님은 다시 한 번 말씀이 사람이 되어 내 안에 오셨습니다. 그분의 말씀은 지금도 우리를 통해 세상 속에서 실현되고 있습니다. 이 사실을 기억하며, 우리 삶이 말씀을 살아내는 통로가 되기를 소망합니다.

2023년 12월 25일

십자가를 지고 따르는 길 ✝

　십자가는 예수님 시대에 가장 극악한 형벌이었습니다. 바오로 사도는 십자가가 유다인에게는 걸림돌, 이방인에게는 놀림감이라고 말합니다. 그런데 우리는 그 십자가를 버젓이 걸고 살아갑니다. 왜일까요? 그것은 십자가의 삶을 살아가겠다는 각오이며, 그리스도를 따르겠다는 결단을 상징합니다.

　예수님을 따르는 길은 만만치 않습니다. 저 역시 그러한 각오 없이는 신부가 될 수 없었을 것입니다. 그리스도인으로 산다는 것은 쉽지 않습니다. 주일마다 쉬고 싶은 몸을 이끌고 미사를 가야 하고, 사순 시기에는 금식과 금육을 실천해야 합니다. 십자가의 길을 기도하며, 내 생활의 일부를 봉헌해야 하는 삶입니다.

　그럼에도 불구하고 우리가 신앙생활을 이어가는 이유는 단 하나입니다. 그것이 그리스도를 따르는 길이기 때문입니다. 십자가의 삶을 사는 것은 손해를 감수하는 삶입니다. 남들보다 손해 보고, 속아가며, 때로는 비난을 들으며 살아가는 것입니다. 편안한 삶이 아니라, 더 움직이고 더 헌신하는 삶을 택하는 것입니다.

십자가를 지고 따르는 삶은 굳이 하지 않아도 되는 일을 하며, "왜 하냐"는 비난을 받는 삶입니다. "왜 하필 나냐"며 투덜댈 수도 있지만, 결국 그 길을 선택하는 것입니다. 이 삶은 수고로움을 자청하는 삶이며, 고난 속에서도 하느님을 향해 나아가는 길입니다.

사순 시기는 십자가를 지고 따르는 삶을 되새기며, 각자가 자신만의 십자가를 선택하고 실천하는 시기입니다. 그 십자가는 각자 다르겠지만, 그 길의 끝은 동일합니다. 그것은 하느님을 따르는 길이며, 하느님의 사랑 안에서 자신을 봉헌하는 삶입니다.

그리스도인의 삶은 손해와 희생을 포함하지만, 그 안에 진정한 평화와 희망이 있습니다. 십자가를 지고 따르며, 그 안에서 하느님과의 깊은 관계를 경험하는 우리가 되기를 바랍니다.

2024년 2월 15일

악마의 유혹을 이겨내는 마음 ✝

사람들은 살아가면서 자신을 돌아볼 기회를 여러 번 갖습니다. 신앙인들에게는 전례가 이러한 기회를 제공합니다. 특히 사순 시기의 전례는 우리의 인생을 광야에 비유하며, 허영과 위선에 가득 찬 자신을 내려놓고 하느님의 뜻을 받아들여 새로워지는 시간입니다. 사순 시기는 우리를 신앙과 인간적 성숙으로 이끄는 40일간의 여정입니다.

사순의 시작인 재의 수요일에 모든 신앙인은 "사람은 흙에서 왔으니 다시 흙으로 돌아갈 것을 생각하라."(창세기 3,19)는 말씀과 함께 머리에 재를 얹는 상징적인 표현 속에서 세례 때의 순수함과 깨끗한 마음으로 돌아가기를 다짐합니다. 이 40일은 하느님으로부터 멀어진 마음을 돌이키고, 하느님과의 관계를 회복하며, 생명의 주님을 만날 준비를 하는 희망의 시기입니다.

사순 시기를 시작하면서 복음은 우리에게 예수님의 광야의 유혹 이야기를 전하고 있습니다. 예수님께서 받으신 유혹의 내용을 살펴

보면 첫째 유혹은 40일간 단식하며 굶주리신 예수께 하느님의 아들이라면 돌을 빵이 되게 하라는 것입니다. 인간의 육체적인 한계 상황을 자극하는 유혹이었습니다. 5천 명을 먹이신 기적을 통해서 알 수 있듯이 그렇게 행하고도 남을 만큼 충분한 능력이 있으셨습니다. 그러나 예수님은 자신의 굶주림을 채우기 위하여 하느님의 능력을 사용하지 않으셨습니다.

둘째 유혹은 악마에게 엎드려 절하면 세상의 권세와 영광을 주겠다는 영적·종교적 유혹이었습니다. 그런데 여기서 악마에게 절한다는 것은 인사 정도를 의미하는 것이 아니라 전적인 순종을 의미하는 것입니다. 예수님께서는 "주 너의 하느님께 경배하고 그분만을 섬겨라."(신명기 6,13)는 말씀으로 악마의 유혹을 이겨내십니다.

셋째 유혹은 성전 꼭대기에서 뛰어 내려 하느님의 아들임을 입증해보라는 정신적인 유혹이었습니다. 악마는 대담하게 성경을 인용하며 예수님을 넘어뜨리려고 합니다. 그러나 예수께서는 이미 드러난 하느님의 능력과 계시를 시험하지 말라는 말씀으로 악마의 유혹을 물리칩니다. 이 세가지 유혹은 인간의 원초적인 문제와 관련된 것에서부터 영적인 문제에 관련된 것까지, 삶의 전 부분을 총망라하는 포괄적인 시험이었음을 알 수 있습니다.

이 유혹은 오늘날에도 단순하고 은근하게 우리를 위협합니다. 하고 나서 후회하는 자그마한 일은 처음부터 단호하지 못한 우리의 실수에서 일어납니다. 때로는 죄와 타협하거나, 나의 부족한 신앙으로 인해 넘어지기도 합니다. 우리 주변에 열심히 신앙생활을 하다가 세상을 떠난 이들을 보면서 하느님을 믿는 것이 허망하다고 신앙의 문을 닫아 버리는 이들도 있습니다. 그러나 다시 한 번 깊이 생각해 볼 필요가 있습니다. 악마는 더 교묘한 방식으로 우리를 유혹하며, 하느님의 능력을 더 설득력 있게 왜곡하여 우직하게 믿는 신앙인을 흔들어 버립니다.

사순 첫 주를 맞이하면서 우리의 신앙을 다시 한 번 바로 세워야 합니다. 다시 한 번 신앙의 자세를 바로 세워야 합니다. "하느님이 어디 계시냐?", "구원이 너무 더디 오지 않느냐?"라는 회의적인 생각에 빠지거나, 게으르고 나태한 신앙에 안주해서는 안 됩니다. 또한 어리석게도 악마에게 타협하며 살아가는 삶을 피하기 위해, 부족한 신앙을 다시 잡고 새로이 결심해야 할 때입니다.

편안한 것만을 추구하다 보면, 우리는 금세 그 편안함에 익숙해지고 맙니다. 가끔은 우리가 열심히 살아가려고 노력할 때 악마는 더 교묘하게 유혹합니다. 예수님께서 말씀을 통해 악마의 유혹을 이겨내신 것처럼, 우리도 주님께 대한 신앙과 생활 속 기도로 이 유혹을 물리쳐야 합니다.

2007년 2월 25일

유혹은 우리에게 우연히 다가온다 ✝

유혹은 지속적으로 따라다니는 것이 아니라, 우연히 맞닥뜨리는 순간 속에서 우리의 마음 상태를 시험합니다. 우리가 잘못된 선택을 할 때, 흔히 "어쩔 수 없었다", "스트레스가 심했다"고 변명하지만, 그 순간을 잘 넘겼더라면 유혹에 빠지지 않았을 것이라는 후회를 하게 됩니다.

예수님께서도 유혹을 받으셨지만, 그 유혹에 빠지지 않으셨습니다. 악마는 한 번의 시험에 실패하면 또 다른 시험을 시도하며, 그 유혹을 반복적으로 들이밀었습니다. 예수님은 40일간 아무것도 드시지 않은 극도의 육체적, 정신적 상태에서도 기도로 유혹을 이겨내셨습니다. 그러나 우리는, 아니 저는, 종종 그 유혹에 쉽게 넘어가고 후회하며 이렇게 말하곤 합니다. "그때만 참았으면 됐을 텐데."

사순을 시작하면서 '회개'라는 말을 많이 합니다. 성경에 사용된 회개란 용어는 히브리어로 악한 생각과 행동에 '대항하다. 위로 거슬러 올라가다. 자신을 극복하는 데 필요한 목표를 설정하다'는 의미를 지니고 있습니다. 유혹에서 벗어나기 위해서는 먼저 악한 생각과 행동을 멈추고, 왜 이런 유혹에 잘 빠지는지 돌아보아야 합니다. 자신을 성찰하며 명확한 목표를 설정하는 것이 중요합니다. 흥미롭게도 그리스어에서 유혹이라는 단어의 어원이 '구원하다'라는 의미에서 비롯됩니다. 유혹은 우리를 넘어뜨리기 위한 것이지만, 동시에 그것을 이겨낼 때 구원의 기회가 될 수 있다는 의미일 것입니다.

유혹 안에서 계속 머물면 우리는 자기 마음대로 자기 뜻대로 자신을 통제할 수 없는 상태에 빠지게 됩니다. 이런 이유로 사순 시기는 우리에게 절실히 필요합니다.

저는 순간순간 하느님의 보호를 믿지 않고 악한 생각과 행동에 대항하지 않는 것이 죄라고 생각합니다. 유혹에 빠졌다는 것은 하느님의 은총과 사랑을 순간적으로 거부한 것입니다. 미사에 가지 못하게 된 유혹, 순간 참지 못한 유혹, 욕심과 탐욕, 명예욕, 혹은 자신의 이름을 드높이고 싶은 유혹, 좋은 것을 갖고 싶고 먹고 싶은 유혹들이 있습니다. 이런 유혹에 넘어갔다면 가슴을 치고 통회하며 끝낼 것이 아니라, 하느님과의 연결을 회복하기 위해 더 깊은 결단과 행동이 필요합니다.

우리가 하느님과 연결된 끈을 놓지 않는다면 우리는 유혹 앞에서도 강할 수 있습니다. 예수님께서도 유혹의 순간마다 하느님께 간절히 기도하셨음을 기억합시다. 사순 시기는 우리가 광야를 걷는 여정과 같습니다. 유혹이 끊임없이 우리를 시험할 것입니다. 그러나 든든하고 확실한 우리 주님께서 늘 우리와 함께하신다는 사실을 잊지 않는다면 우리는 그 유혹을 이겨낼 수 있을 것입니다.

2023년 2월 26일

고통 속에서 사랑과 구원을 발견하다 †

예수님의 공생활은 고작 3년이었습니다. 그러나 그 짧은 시간 동안 기성 체제와의 마찰로 생명의 위협을 무릅써야 했고, 체포되어 고문받았으며, 결국 십자가에서 처형당하셨습니다. 극심한 고통과 고독 속에서 제자들에게 배반당한 예수님은 십자가 위에서 절규하며 최후를 맞이하셨습니다.

그럼에도 불구하고 그리스도교는 십자가에 처참하게 달려 죽으신 예수님을 구세주, 메시아, 하느님의 아들이라고 고백합니다. 초기 그리스도인들은 이 고백의 무게를 두려워하여 오랫동안 십자가에 달린 예수님의 형상을 그림이나 조각으로 표현하지 못했습니다. 시간이 흘러 중기 고딕 시대에 이르러서야 예수님을 십자가 위의 인간적인 모습으로 묘사하기 시작했습니다.

고통의 십자가는 고통받는 사람들을 끌어당깁니다. 십자가 아래에서 기도하는 사람들은 대개 극심한 고통 속에 있는 사람들이었습니다. 그들은 짓눌리고 부서지며 일그러진 삶 속에서도 십자가에 달린 예수님께 기도하며 위로를 구했습니다. 그런데 어떻게 고통받는 예수님께 고통을 없애 달라고 기도할 수 있었을까요?

이 질문은 현대의 우리에게도 유효합니다. 십자가가 이제는 화려한 네온으로 종탑 꼭대기에 걸리거나, 금 십자가가 부적으로 여겨지는 현실 속에서, 우리는 과연 십자가 아래에서 참된 기도를 드릴 수 있을까요? 십자가는 어느새 권위의 상징이 되었고, 복음을 선포하는 도구로 사용되면서도 정작 예수님이 선포하신 복음의 본질은 종종 간과되고 있습니다.

예수님께서 왜 복음을 선포하셨는지, 그분의 삶이 어떠했는지, 왜 십자가에 달려 돌아가셔야 했는지에 대한 질문은 잊혀져 버렸습니다. 사람들은 십자가 아래에서 예수님의 고통과 수난을 외면한 채 자신의 괴로움만 하소연합니다. 그러나 매달려 고통받는 것은 예수님이시며, 우리가 먼저 들어야 할 말씀도 예수님의 음성입니다.

십자가는 비참한 고통과 불행의 상징이지만, 동시에 사랑의 종교인 그리스도교를 상징합니다. 주님께서는 인간과 함께 고통당하시기 위해 십자가의 고통을 택하셨습니다. 고통이 사랑의 힘이자 원천이라는 진리는 비록 우리가 온전히 실천하지 못하더라도 모두가 동의하는 사실입니다.

우리는 때로 부모, 형제, 자식, 혹은 우리의 삶 자체를 십자가로 느낄 때가 있습니다. 그 무거운 십자가를 내려놓고 홀홀 자유롭게 살고 싶을 때도 있습니다. 그러나 십자가를 내려놓는다면 구원도 사라질 것입니다. 십자가는 끊어진 관계를 다시 이어주며, 관계 속에서 생명이 탄생함을 보여줍니다.

예수님은 고통을 없애시는 분이 아니라, 우리의 고통에 동참하시는 분입니다. 이것이 십자가가 전하는 메시지입니다. 십자가는 고통을 해결하는 도구가 아니라, 고통 가운데서 사랑을 발견하게 하고, 고통을 통해 진정한 믿음을 이루게 합니다.

주님은 "제 십자가를 지고 나를 따르라"고 말씀하셨습니다. 고통 없이는 사랑할 수 없다는 진리를 예수님께서는 몸소 보여주셨습니다. 우리는 주님을 믿음으로써 고통을 없애는 것이 아니라, 주님과 함께 고통을 이기며 사랑을 실천하는 법을 배웁니다.

십자가는 사랑과 희생의 최종 상징입니다. 그것을 지고 가는 삶은 결코 쉽지 않지만, 그 안에서 진정한 인간다움과 구원의 희망을 발견할 수 있습니다. 우리는 주님 안에서 고통을 이기고, 믿음 가운데서 고통을 받아들이며 살아갑니다. 이것이 십자가가 전하는 궁극적인 메시지입니다.

2007년 4월 6일

사랑과 섬김의 본보기 ✝

요한복음에 따르면 예수님께서 성찬례를 행하기 전에 먼저 제자들의 발을 씻어 줍니다. 남에게 발을 내미는 것도, 그 발을 씻어 주는 것도 어려운 일입니다. 그런데 예수님께서는 발을 손수 씻어 주십니다. 제자들도 그렇게 하기를 바라서서 스스로 제자들에게 모범을 보여주십니다.

예수님께서 제자들의 발을 씻어 주신 것과 사랑의 새 계명을 주신 것, 그리고 성체성사를 세우신 것은 긴밀히 연결되어 있습니다. 공동체 안에서 형제자매가 서로 사랑하고 봉사하는 삶과 성찬례는 함께 가야 하기 때문입니다. 성체성사는 빵과 포도주가 예수님의 몸과 피로 변화된다는 것을 넘어, 예수님께서 당신의 몸을 쪼개고 모든 사람의 양식으로 내놓으신 사랑의 성사입니다.

베드로가 예수님께 "제 발은 절대로 씻지 못하십니다." 하니, 예수님께서 그에게 대답하셨다. "내가 너를 씻어 주지 않으면 너는 나와 함께 아무런 몫도 나누어 받지 못한다."

그러자 시몬 베드로가 예수님께 말하였다. "주님, 제 발만 아니라 손과 머리도 씻어 주십시오." (요한 13,9-10)

예수님의 발씻김을 받아들이지 못하는 베드로에게 예수님은 "내가 너를 씻어 주지 않으면 너는 나와 함께 아무런 몫도 나누어 받지 못한다."고 하십니다. 공동번역에는 "내가 너를 씻어주지 않으면 너와 나는 아무 상관이 없는 사람이 된다."라고 되어 있습니다. 이 말씀은 예수님과의 관계를 유지하기 위해 발씻김이라는 섬김의 관계가 얼마나 중요한지를 깨닫게 합니다. 예수님께서는 결론적으로 이렇게 말씀하십니다. "주님이며 스승인 내가 너희의 발을 씻었으면 너희도 서로 발을 씻어 주어야 한다. 내가 너희에게 한 것처럼 너희도 하라고 내가 본을 보여 준 것이다."

예수님은 사랑을 끝까지 실천하셨습니다. 십자가 수난의 모든 과정에서 예수님께서 보여주신 사랑은 조건 없는 섬김이었고, 끝까지 사랑이었습니다.

오늘부터 우리는 부활의 빛이 밝아올 그날까지 주님의 죽으심을 묵상하면서 거룩하고 정성된 마음으로 지내야 하겠습니다. 일 년 중에 가장 거룩하고 슬픈 날입니다. 사람들은 음악을 끊고 마음을 모아 소리 내지 않고 우는 날일 것입니다. 손수 발을 씻어 주신 주님처럼 우리도 이웃의 삶에 사랑과 섬김으로 다가가야 하겠습니다.

2023년 4월 6일

수치심을 이겨내고 나를 바로 보자 ✝

    수치심이라는 단어에 대해 생각하다 저에게 수치심은 저의 이름이라는 생각이 들었습니다. 학교에서 당한 폭력 중에 제일 첫 번째가 이름으로 놀려대는 것이었습니다. "조발그니!" 하고 불리는 순간, 모두의 시선이 저를 향했고, 이름을 두고 듣기 싫은 말들이 쏟아졌습니다. "너 외국 사람이냐?", "이름이 왜 그래?", "누가 이런 이름을 지어줬냐?" 이런 말들은 제 다리를 후들거리게 했고, 얼굴을 뜨겁게 만들었습니다.

    부모님이 주신 좋은 이름이지만, 평범하지 않아서 평범하게 살 수 없었던 제게는 커다란 십자가였습니다. 선생님들은 심지어 야단을 치실 때도 "발그니 하지 말고 어두니 해라."는 말씀을 했습니다. 학교, 군대, 신학교를 거쳐 지금까지도 이름이 불리는 자리나 식당 예약 때조차 작아지는 기분을 느낍니다. 이 이름은 제가 넘어서야 할 십자가이며, 극복하지 못하면 제 삶은 계속 변변치 않은 껍데기로 남을 것이라는 생각이 듭니다.

매년 주님의 수난 예식은 예수님의 고통에 참여하는 시간입니다. 그러나 예수님의 고통에 감정이입하지 못한다면, 부활을 맞이하며 그것을 극복할 힘을 얻을 수 없습니다. "예수님 아팠겠다, 창피했겠다, 얼마나 힘드셨을까?"라는 생각만으로는 부족합니다. 자기 삶과 연결되지 않은 수난은 그저 먼 이야기일 뿐이며, 부활의 기쁨도 남의 이야기로 남습니다.

사람들은 삶이 힘들어 성당을 찾습니다. 그러나 예수님의 수난에 동참하지 않으면 성당에서의 하소연으로 끝날 뿐입니다. 그래서 우리는 '나'를 돌아봐야 합니다. 십자가의 의미와 죽음, 그리고 부활이 우리 각자의 삶과 어떻게 연결되는지 고민해야 합니다

여러분은 어린 시절 무엇이 부끄러움으로 남아 있습니까? 무엇이 나를 드러내는 것을 힘들게 만드나요? 삶이 힘들다고 하소연만 하기보다, 나의 십자가를 살펴보고 그것을 극복할 방법을 찾아야 합니다.

저 역시 최근에 많이 듣는 말이 "좀 내려놓으라."입니다. 저를 돌아보니 남들이 하는 말도 들립니다. 지금 우리는 예수님의 말씀인 "목마르다"와 "이루어졌다"를 마음에 새겨야 합니다. 나는 지금 무엇에 목마르고, 무엇을 이루고 싶은지 깊이 고민해야 합니다.

2022년 4월 15일

부러진 나무, 십자가가 된 예수님 ✝

예수님은 군대와 수석 사제들, 성전 경비병들에게 끌려갔습니다. 군대는 로마에서 보내는 정규군입니다. 성전 경비병은 성전 내 질서 유지를 위한 이스라엘의 비정규군입니다. 결국 예수님은 이스라엘과 로마 양쪽 모두에게 버림을 받고 죽어야 했습니다. 그들은 예수님이 다음 율법을 어겼다고 했습니다.

첫째, 성전을 욕되게 하거나 모독한 사람을 사형에 처한다.
둘째, 하느님의 영에 혹은 신권을 참칭하는 이는 신을 모독하는 사람이다.
셋째, 죄가 확증된 하느님을 모독한 이는 투석형에 처한다.
넷째, 투석형에 처한 후 그 시체는 십자가형의 기둥에 매단다.
다섯째, 안식일 규정 혹은 율법의 다른 규정을 고의로 범한 이는 하느님을 경멸하는 사람이다.
여섯째, 만일 누가 경고를 듣지 않고 그래도 율법을 위반하면 투석형에 처해야 한다.

예수님은 재판을 받기 위해서 겟세마니의 가야파 집으로, 다시 총독관저로 갑니다. 여기저기 끌려 다니며 심문을 받던 예수님은 리스토스트로스라는 곳으로 끌려가 사형선고를 받습니다. 가까운 거리가 아닙니다. 평지로만 된 곳도 아닙니다. 가는 곳마다 사람들은 "죽여라!"라고 소리치고 "거짓 예언자!"라고 소리치기도 했고, 침을 뱉고 돌을 던지고, 조롱했습니다.

예수님은 법정에서 재판을 받지 못했습니다. 이미 날이 저물었고, 과월절이 시작되는 날 밤이었기 때문입니다. 하지만 그들은 과월절이 끝나기를 기다리지 않았습니다. 과월절이 끝난 뒤에는 빌라도가 지중해의 카이사리아로 돌아갈 예정이었기 때문입니다. 정의와 절차는 모두 무시되었습니다. 예수님은 마치 과월절의 어린 양처럼, 이스라엘의 죄를 덮기 위해 제물로 내몰렸습니다.

정호승 시인의 시 '부러짐에 대하여'는 나뭇가지가 부러지는 것은 새들이 앉기 위해서이고, 나무가 부러지는 것은 집을 짓는 데 쓰이기 위해서라고 말합니다. 예수님은 부러지는 나무와 같으셨습니다.

예수님은 완전히 잘 자라서, 잘 건조되어, 집을 짓기에 적합한 나무가 되는 그때를 기다리셨습니다. 그분의 부러짐은 사람들을 위한 것이었고, 우리를 구원으로 이끄는 집의 기둥이 되었습니다.

예수님의 삶은 우리에게 묻고 계십니다. "너희도 그런 나무가 될 준비가 되었느냐?" 우리 삶의 고난과 부러짐이 단지 고통으로 끝나는 것이 아니라, 다른 이들을 위해 사랑의 도구로 사용될 수 있기를 바랍니다.

2023년 4월 7일

예수님을 알아가는 길 ✝

우리는 예수님이 어떤 분인지 한마디로 정의할 수 없습니다. 우리가 그분을 머리로 배우지 않았기 때문입니다. 오히려 예수를 마음으로 만나고 마음으로 느꼈습니다.

예수님께서는 제자들에게 물으십니다.

"너희는 나를 누구라고 생각하느냐?"

베드로는 하느님께서 보내신 그리스도라고 대답하지만, 그리스도의 진정한 의미를 이해하지 못했기에 예수님은 그들에게 아무 말도 하지 못하게 하십니다.

예수님이 말씀하시는 그리스도는 우리가 흔히 상상하는 영웅이나 슈퍼맨 같은 존재가 아니었습니다. 그분은 악당을 물리치거나 단순히 우리의 고난을 해결해주는 구원자가 아니라, 우리의 삶을 근본적으로 변화시키기 위해 자신의 목숨을 내놓으신 분이었습니다. 이런 예수님을 이해하기 위해, 제자들은 단순히 말씀을 듣는데서 그치지 않고 예수님과 더불어 살아야 했습니다.

우리 역시 예수를 알기 위해서는 예수와 더불어 살아야 합니다. 이것은 단순히 신앙의 이론이나 교리에 머무는 것이 아니라, 일상에서 그분을 느끼고 경험하며 살아가는 것을 의미합니다.

2005년 9월 23일

예수님의 때와 현대인의 시간 ✝

　요한복음에서 중요한 주제 중 하나는 '예수님의 때'입니다. 이는 예수님께서 지상을 떠나 아버지 성부께로 가는 시간, 즉 하느님의 아들로서 영광을 받으시는 때를 의미합니다.
　이 시간은 예수님의 수난과 십자가상 죽음, 그리고 부활을 모두 포함합니다. 가나안의 혼인잔치에서 시작되어, 십자가에서 돌아가실 때까지, 예수님의 시간은 천천히 흘러갔습니다. 죽음의 위기가 닥쳐와도 예수님은 늘 극복하셨으며, 자신의 때를 알고 계셨음에도 결코 서두르지 않으셨습니다. 오히려 그 시간을 통해 자신과 하느님 아버지의 구원 의지를 드러내는 데 온 힘을 다하셨습니다.
　반면 현대를 살아가는 우리의 모습은 어떻습니까? 버스를 탈 때도, 성당에 갈 때도, 심지어 주차를 할 때조차 자신을 내세우며 여유를 잃어버렸습니다. 잠시도 가만히 앉아 있지 못하고, 멍하니 있는 것조차 불안해합니다. 수시로 시간을 확인하고, 휴대폰을 만지작거립니다. 이처럼 시간에 쫓기며 살다 보니, 우리에게 주어진 시간의 의미를 잊어버리고 맙니다. 현재를 살면서도 미래를 걱정하고, 일을 하는 중에도 다음 할 일을 궁리하기 바쁩니다.

이제 우리에게는 회개가 필요합니다. 미래는 자신이 얼마나 현재의 시간에 충실하게 살아가느냐에 달려 있습니다. 마치 기차가 레일을 앞서가지 않고 충실히 따라가듯이, 우리도 주어진 시간에 충실해야 합니다. 어려움이 닥칠 때마다 미래를 걱정하기보다는, 지금까지 베풀어주신 주님의 사랑에 감사드리는 것이 중요합니다.

요한복음은 예수님의 때가 십자가를 통해 완성되며, 그곳에서 영광이 드러난다고 말합니다. 언뜻 모순처럼 보이지만, 자신의 삶에 최선을 다하는 이는 그 고난 속에서도 영광을 발견할 수 있습니다. 진정으로 때를 아는 사람은 자신의 시간이 실패할 수도 있음을 받아들이는 사람일 것입니다. 우리는 지금 이 순간을 얼마나 충실하게 살아가고 있는지 돌아보아야 합니다.

2018년 3월 16일

십자가, 실패와 구원의 역설 ✝

'전지전능하신 하느님께서 십자가에서 고통을 받으실 수 있는가?'
'예수께서는 참 인간이며 참 하느님이실 수 있는가?'

교회는 이에 대해 명확히 답합니다. 예수님은 하느님의 아들이며, 인간으로서의 고통 속에서 하느님께 버림받았다고 느끼셨습니다. 그러나 이 고통은 성부 하느님께서 겪으신 것이 아니라, 인간 예수님께서 온전히 감당하신 고통입니다. 이는 인간이 느끼는 고통을 온전히 경험하시고, 그 고통 속에서 우리를 구원하시려는 하느님의 사랑을 드러냅니다. 예수님의 십자가는 하느님이 인간의 고통을 나누기 위해 선택하신 도구이자, 고통 속에서도 구원이 시작될 수 있음을 보여주는 사건입니다.

십자가는 죽음의 고통을 겪는 하느님의 상징이 아니라 죽음의 고통을 겪는 인간의 상징입니다. 하느님 자신, 성부가 십자가에서 죽은 것이 아니라 하느님의 메시아, 그리스도 하느님의 모상, 말씀, 아들이 죽으신 것입니다.

결국 예수그리스도의 고통은 하느님 아버지의 고통이 아니라 인간들의 고통이며, 우리에게 당신의 고통에 참여하라는 초대입니다. 우리는 고통을 맞이하면서 왜 내가 이런 고통을 당하냐며 불평을 늘어놓습니다. 하지만 그리스도의 고통은 자신이 아니라 다른 사람을 위한 고통이었습니다.

십자가는 인간적으로 보았을 때 분명한 실패의 상징입니다. 십자가는 하느님이 보내신 자가 인간과 하느님께 철저히 버림받은 좌절처럼 보여집니다. 하지만 구원은 바로 이 비극에서 가능해집니다. 바울로 사도는 말합니다. "십자가는 믿지 않는 사람들에게는 약함과 어리석음이지만, 믿는 사람들에게는 하느님의 힘이요, 지혜입니다." 다시 말해서 더 이상의 비극이나 슬픔은 가능하지 않기에 십자가는 구원의 시작이며, 마침내 구원의 발판이 되는 것입니다.

예수께서는 우리의 괴로움에 함께하시고 우리의 고통을 나누시는 분으로, 우리의 온갖 불행과 불의에 연루되어 숨어 계신 채 함께 고통당하시는 분입니다. 바로 그렇기 때문에 끝없이 자비하시고 힘 있는 하느님으로 당신을 드러내십니다. 예수의 십자가는 다른 사람을 위해서 자신을 내어주신 것이며 인간의 죽음으로부터 하느님의 구원을 이끌어내는 행위이며, 당신의 자비를 보여주시는 사랑입니다. 우리는 십자가를 통해 자신을 내어주는 사랑과 이웃을 위한 헌신을 묵상해야 합니다.

2018년 9월 14일

5장 성모님의 모범

성모님의 삶, 모든 어머니의 고통   †

교리에서 성모칠고, 성모칠락이라는 말을 들어본 적이 있을 것입니다. 성모칠고는 성모님께서 겪으신 7가지 고통을 말합니다. 그것은 시므온의 예언, 이집트로의 피난, 예수를 성전에서 잃음, 예수 십자가를 짊, 예수 십자가에서 죽음, 예수를 십자가에서 내림입니다. 성모칠고는 성빈첸시오 페레리오가 설교 중에 언급하였으며, 1464년 도미니코 수도회 알랑 드 라 슈스 수사가 도미니코 묵주기도를 만들면서 보급되어 독일 쾰른 지역의 신심운동과 성모의 종 수도회의 신심 활동에 의해 정착되어 현재 전례력에 들어갔다고 합니다.

성모님의 고통이 비단 성모님만의 고통이겠습니까? 이 고통은 세상 모든 어머님들의 고통과 닮아 있습니다. 프랑스에 살 때 교리교사 한 분은 아들 하나를 소아암으로 잃었지만 자식을 담는 마음으로 교리교사를 하셨습니다. 그런데 매년 성탄절에 아이들 선물을 살 때마다 무엇인가 하나 부족한 마음에 매번 마음이 아프시다고 하셨습니다.

성모님의 고통은 이 땅의 고통받는 어머니들의 마음을 대변합니다. 태어나기 전부터 범상치 않은 자식이 침뱉음과 채찍질, 손가락질을 당하고 결국 십자가 위에서 세상을 떠나는 것을 바라보아야 했던 성모님. 그런 고통 속에서도 성모님은 끝까지 예수님 곁을 지키셨습니다. 자식을 위해서 새벽에 일어나 밥을 차리면서도 한숨이라도 더 재우려고 조심조심 움직이는 어머니의 마음은 모든 자식의 버팀목이 됩니다. 성모님 역시 예수님의 유일한 지지자였기에 그 고통은 더욱 컸을 것입니다.

저 역시 부모님이 계셔 주시는 것이 당연하게 여겨질 때가 많았습니다. 이제는 점점 지쳐가는 부모님을 보며 때로는 짜증이 나고 화가 날 때도 있지만, 그럴수록 더 찾아뵙고 연락드려야겠다 다짐합니다. 부족하지만 한 번 더 보는 것이 큰 효도라 마음먹습니다. 자식을 낳아보지 않은 저로서는 어머니의 사랑을 완전히 이해할 수는 없겠지만, 더 배우고 실천하려 노력합니다.

이번 추석에는 부모님과 좀 더 오래 부대껴야겠습니다. 성모님의 고통을 묵상하며, 우리도 사랑하는 이들과 더 많은 시간과 마음을 나누는 계기가 되기를 소망합니다. 이 작은 노력들이 우리가 서로에게 전할 수 있는 최고의 사랑이 될 것입니다.

2010년 9월 15일

하늘에 닿는 겸손의 비결 ✝

오늘은 복되신 동정 마리아께서 하늘에 올림을 받으신 성모 승천 대축일입니다. 복음 말씀 속에서 특히 성모 찬송이 두드러집니다. 이 찬송은 마리아의 마음을 그려낸 한 폭의 그림과도 같습니다. 마리아는 "하느님 안에서 기뻐 뛰니, 그분께서 당신 종의 비천함을 굽어보셨기 때문입니다"라고 고백합니다.

여기서 말하는 '비천함'과 '겸손'이 바로 마리아의 비결입니다. 하느님의 시선은 겸손함 위에 머뭅니다. 라틴어에서 겸손을 뜻하는 '후무스(humus)'는 흙, 땅을 의미합니다. 이는 높이 오르기 위해선 오히려 낮은 곳에 머물러야 한다는 역설을 담고 있습니다. 예수님도 이렇게 말씀하십니다. "자신을 낮추는 이는 높아질 것이다"(루카 14,11). 하느님께서는 우리의 재능이나 업적이 아니라, 겸손 때문에 우리를 들어 높이십니다.

마리아는 자신의 작음을 인정하며 자신을 '주님의 종'이라 부릅니다. 스스로를 드러내거나 특별한 호칭을 붙이지 않습니다. 대신,

모든 것을 하느님께 맡기고, 섬기는 자세로 살아갑니다.

나의 겸손을 돌아보며 오늘 우리는 스스로에게 물어야 합니다. 나는 진정 겸손한가? 타인에게 인정받고 칭찬받기를 원하기보다 섬기고자 노력하고 있는가? 마리아처럼 귀 기울이고 침묵할 줄 아는가, 아니면 주목받고자 재잘거리기만 하는가? 다툼을 진정시키기 위해 한 걸음 물러설 수 있는가?

마리아는 자신의 보잘것없음을 인정하며 하늘을 얻은 분입니다. 하느님께서는 자신을 비우는 사람만이 당신의 은총으로 채워질 수 있음을 보여주십니다. 우리는 매일 똑같은 일상, 피곤하고 힘든 나날을 살아갑니다. 그러나 마리아는 우리에게 희망을 줍니다. 하느님께서는 우리 같은 평범한 사람도 영광으로 부르신다는 진리를 깨닫게 하십니다.

오늘, 겸손을 하느님께 청합시다. 하느님께서 이끄시는 길을 따라 우리도 지상 생활을 마치고 하늘로 승천하기를 간구합시다. 작고 부족하지만, 우리의 기도가 우리의 삶을 풍요롭게 하길, 그리고 우리의 겸손이 하늘로 향하는 디딤돌이 되길 기도합니다.

2024년 8월 15일

어머니를 기리는 날   ✝

유학을 떠난지 이틀 뒤 어머니께 전화를 했습니다. 전화 너머로 들려오는 어머니의 목소리, "왜 우리 아가?" 한마디에 마음이 녹았습니다. '엄마'라는 한 단어만으로도 제 마음을 알아주시는 분, 그것이 어머니입니다. 자기 배에 아홉 달을 넣고, 낳고 나서는 젖을 물려 키우시는 분, 다 커서도 뭔가를 챙겨주지 않으면 안 되는 분, 매주 만나도 얼굴을 비비는 분, 제가 쓴 글을 읽고 또 읽으시는 분, 집에 라디오가 들리지 않는다고 차에 가서 제 평화방송 강론을 들으시는 분, 말수가 줄어드는데도 잔소리는 끊이지 않는 분, 그게 어머니입니다. 걸음이 느려지고 의지할 일이 많아지셨지만 아들에 대한 사랑만큼은 여전한 분이 어머니입니다.

성모의 밤은 카네이션 하나를 가슴에 꽂아드리거나 노래를 부르는 하룻저녁의 행사가 아닙니다. 성모님을 기리며, 우리를 길러주시고 나보다 먼저 내 마음을 알아주시는 모든 어머니께 감사하는 날입니다.

성모님이 엘리사벳을 방문하셨습니다. 아이를 낳을 기쁨에 찬 엘리사벳을 찾아온 성모님은 자신도 아이를 잉태한 기쁨과 동시에 걱정과 두려움을 안고 있었습니다. 엘리사벳은 성모님을 맞이하며 이렇게 말합니다. "당신은 여인들 가운데에서 가장 복되시며 당신의 태중의 아기도 복되다."

우리말로 '복되다'라고 번역된 그리스어 '안소몰레이또'는 당신으로 인해 감사하다는 말입니다. 엘리사벳이 왜 성모님께 감사를 표현했을까요? 예수님이 이 세상에 오시려면 여인의 몸을 빌릴 수밖에 없었습니다. 예수님이 완전한 인간으로 세상에 오시려면 그 방법 외에는 다른 길이 없었기 때문입니다. 이와 비슷하게, 제가 프랑스에 갔을 때 시골 마을 신자들은 "신부님이 안계셨다면 미사를 드릴 수 없었을 겁니다."라며 감사를 표현했습니다.

엘리사벳의 환대를 받은 성모님은 '마니핏캇'이라고 하는 성모찬송을 말합니다. 마니핏캇은 '크게 외치다'라는 뜻인데 이 말을 우리는 찬양이라고 합니다. 성모님이 소리내어 외친 것은 아들의 마음입니다. '엄마'라는 두 글자만 말해도, 자식이 배가 고픈지 어디가 아픈지 아는 엄마는 아들의 마음을 읽어 그것을 큰 소리로 외칩니다. 복되시다는 말에, 당신이어서 감사하다는 말에 엄마는 아들의 일생을 생각합니다.

오늘은 모든 어머니를 생각하는 날입니다. 아이에게 언제나 하나뿐인 엄마, 그분이 크든 작든, 힘이 있든 없든, 자식을 위해 모든

5장 성모님의 모범 111

것에서 먼저였던 엄마를 기억하는 날입니다. 그분이 하늘에 계시든, 가까이 계시든, 그립고 그리운 어머니를 떠올리는 날입니다.

하느님 곁에 계신 어머니를 생각하면 사무치고, 곁에 계신 어머니를 생각하면 더 애틋해지는 날입니다. 카네이션을 가슴에 꽂지 못하더라도, 잊히지 않는 그 살결과 냄새를 떠올리며 어머니께 감사의 마음을 전하는 날입니다.

"당신이어서 감사합니다." 이 한마디로 오늘의 감사를 전합시다.

2023년 5월 31일

삐에따 앞에서 : 사랑과 고통의 발자국 ✝

미사를 주례하던 저도 눈물이 날 때는, 아이들의 장례를 치르거나, 사도 예절을 할 때입니다. 어쩌면 그 순간들에 부모가 자식을 잃는 아픔, 즉 부모가 죽으면 땅에 묻고 자식이 죽으면 가슴에 묻는다는 말의 의미를 깨닫기 때문일지도 모릅니다.

언젠가 로마 베드로 대성당에 있는 삐에따를 본적이 있습니다. 당시에는 무심코 보았는데 시간이 지나 문득 생각이 나서 인터넷으로 다시 삐에따를 찾아 보았습니다. 사람들이 줄을 서서 보던 그 삐에따 상을 가만히 보고 있으니 여러 가지 생각이 들었습니다.

스무 살도 채 되지 못했을 여인이 자기보다 더 큰 몸집의 사내를 무릎에 올려놓고 있습니다. 뭔가에 홀린 듯 넋이 나가 버린 것 같은 그 여인의 표정을 보고 있자니 '한'이라는 감정이 이런 것이 아닐까 하는 생각이 들었습니다.

제가 공부를 한다고 온갖 생색을 낼 때 제 아버님께서 제게 편지를 보내셨습니다. 어떤 이가 죽은 다음 자기의 삶을 백사장에 걸고 있는 발자국을 통해 바라보게 되었답니다. 발자국 두 개는 자기의 것이고, 나머지 둘은 하느님의 것이었습니다. 그런데 고난의 순간에는 발자국이 두 개뿐이었다고 합니다. 그래서 하느님께 따졌더니 하느님께서 이렇게 대답하셨다고 합니다. "그때는 내가 너를 들쳐메고 갔단다." 가만히 제 성소의 길을 보니 발자국이 늘 네 개였습니다. 둘은 하느님 것이고 둘은 부모님의 것이었던 것 같습니다. 저는 그저 무등을 타고 여기저기 가자고 소리친 것이 고작입니다.

십자가에서 내린 자식을 붙잡고 오열하면서 자식에 대한 사랑을 간직한 성모님처럼 늘 믿어주시며 기도로써 키워주신 부모님 덕에 저는 여태껏 신부로서 잘 버티고 살아가고 있습니다.

성모님을 기념하고 그분의 고통을 묵상하는 이유는 무엇일까요? 젊어서는 창피스러움이었고 나이 먹어서는 얼굴을 들지 못할 반역죄인 예수를 아들로 둔 어머니의 고통은 사랑이기 때문입니다. 예수를 품에 안은 성모님의 넋 나간 표정은 그분의 고통이 사랑으로 승화되었음을 보여줍니다. 그 사랑은 우리를 신앙으로 초대합니다. 부모님의 발자국을 뒤늦게 깨닫듯, 교회와 신앙 안에서 성모님의 자리를 알아가는 것은 어쩌면 같은 맥락인지도 모릅니다.

우리도 누군가에게 그런 발자국을 남길 수 있기를, 그리고 그 발자국 안에서 하느님의 사랑과 은총을 깨달을 수 있기를 소망합니다.

2004년 9월 15일

희망을 건네는 아기 예수와 우리 ✝

우리는 인터넷에서 많은 사람들과 연결되어 있습니다. 하지만 그 친구들 중에서 정말 마음을 나눌 수 있는 친구는 몇이나 될까요? 매일 일터에서 사람들과 만나고 식사도 하고, 때로는 생일이나 축하할 일을 함께하지만, 속 이야기를 허물없이 털어놓을 친구는 몇이나 있을까요? 이번에 아프면서 깨달았습니다. 참 좋은 친구들과 이웃들이 제 곁에 많다는 것을 말입니다.

희망이 사라지고 어둠이 깊어졌을 때, 빛을 기대하기 어려운 순간에도 우리에게 희망을 품게 하는 이들이 있습니다. 복음 속의 목자들이 그랬습니다. 그들은 한곳에 정착할 수 없는 떠돌이들로, 매년 양 떼를 이끌고 풀밭을 찾아다녀야 하는 사람들이었습니다. 그런데 천사는 그들에게 희망을 전합니다. "두려워하지 마라. 보라, 나는 온 백성에게 큰 기쁨이 될 소식을 너희에게 전한다." 구원자가 태어났다는 소식은, 희망을 잃은 목자들에게 새로운 내일을 약속하는 기쁜 소식이었습니다.

그들은 그 기쁨을 함께 나누기 위해 아무도 반겨주지 않는 구유에 태어난 아기 예수를 찾아갑니다. 목자들에게 아기 예수는 희망이었고, 아기 예수에게도 목자는 친구이자 내일을 살아갈 이유였습니다. 절망에 빠졌을 때, 힘이 다해 쓰러졌을 때 손을 내밀어 잡아주는 친구가 단 한 명이라도 있다면, 그는 세상의 수천 명보다 더 소중한 이웃입니다. 예수님은 바로 그런 친구로 이 세상에 오셨습니다.

예수님은 구원자, 즉 어둠에서 우리를 끌어내시고 어려움에서 우리를 건져내시는 분입니다. 삶이 힘들고 고단할 때도 우리를 붙들어주는 이가 있습니다. 그것이 가족이고, 친구이며, 결국 그리스도입니다. 그분은 잃어버린 희망과 차갑게 식은 빛에 불을 밝히고, 우리 곁에서 손을 잡아주고 말을 걸어주는 분입니다. 그래서 때로는 우리가 목자가 되어 누군가에게 희망을 건네고, 때로는 구원자 예수의 손길을 통해 희망을 받습니다.

이스라엘 사람들은 2000년 넘게 나라 없이 떠돌았습니다. 그 땅의 목수인 요셉은 평생 일용직 노동자로 살아야 했고, 마리아는 처녀가 아이를 가졌다는 이유로 고향을 떠나야 했습니다. 요셉은 자신의 아들이 아닌 아들을 묵묵히 키워야 했습니다. 예수님은 태어나면서부터 십자가에서 죽을 것을 알고 있었습니다. 희망이 전혀 없을 것 같은 삶이었지만, 그들은 우리에게 희망을 건넵니다. 희망은 많은 것을 가진 이들이 주는 것이 아니라, 우리와 같은 처지에서 같은 고민을 나누는 이들로부터 오는가 봅니다.

아무것도 가지지 않은 아기 예수가 우리에게 희망을 건네는 날입니다. 그렇기에 우리도 누군가에게 희망이 될 수 있습니다.

코로나로 인해 세상은 찢기고 갈라졌습니다. 하지만 희망을 포기하지 않는 이유는 우리가 누군가에게 능력과 힘이 되어서가 아니라, 서로가 무너질 때 내버려두지 않기 때문입니다. 넘어지고 쓰러질 때 손을 내밀어 일으켜 세우기 때문입니다. 내 옆에 친구가 있는 것만으로도 든든합니다. 그것이 바로 아기 예수입니다. 그리고 그것이 우리가 믿고 바라는 마지막 희망입니다.

2021년 12월 24일

약한 자와 함께 하시는 구원자 ✝

매일같이 사람들이 죽어가고, 직장에서 해고되고, 실패를 겪습니다. 그런 이들에게 예수님이 따뜻한 사랑으로 오셨으면 좋겠습니다. 그분은 권력 있는 자가 아닌, 약하고 소외된 자들 속에 찾아오셨습니다.

예수님은 사람이셨습니다. 우리처럼 기뻐하고, 슬퍼하고, 힘들어하며, 남의 마음을 몰라 실수하고, 깨우치며, 뉘우치는 분으로 오셨습니다. 처음부터 강을 건너거나 신비한 힘을 가진 존재로 오신 것이 아닙니다. 그저 약하고, 한없이 도움의 손길이 필요한 사람으로 오셨습니다. 제자들에게 배신당하고, 사람들에게 손가락질받으면서도 대꾸조차 하지 못하셨던 그분은, 우리처럼, 우리와 같은, 어쩌면 우리보다 더 약한 모습으로 이 땅에 오셨습니다.

예수님은 우리와 같은 존재로 태어나셨습니다. 우리와 같은 마음으로 이 세상을 사셨습니다. 그러나 그분은 단지 우리의 동료로서 머무르지 않으셨습니다. 세상에 정의보다 사랑을, 평등보다 행복을, 기대보다 믿음을 주셨습니다. 그리고 그분이 오심으로 우리는 희망을 갖게 되었습니다.

복음에서 목동들에게 전해진 그 소식처럼, "지극히 높은 곳에서는 하느님께 영광, 땅에서는 평화를!" 예수님의 탄생은 우리에게 찬미의 이유를, 희망의 이유를 주는 사건입니다. 그분이 우리 곁에 오셨기에, 우리는 어둠 속에서도 빛을, 절망 속에서도 내일을 바라볼 수 있습니다.

예수님은 오늘도 약한 이들 곁에서, 고통받는 이들 속에서, 우리와 같은 모습으로 함께하십니다. 그 사실을 믿으며, 사랑과 희망을 나누는 우리가 되기를 소망합니다.

2022년 12월 24일

6장   사랑과 섬김

사랑의 실천, 하느님을 따르는 길 ✝

이스라엘 역사에서 나병은 부정의 상징이었습니다. 나병환자는 하느님께 벌을 받은 죄인으로 간주되어, 그들은 고립된 삶을 살아야 했습니다. 우리나라에서도 나병은 하늘이 내린 벌, 천형이라 불리며 환자들을 사회에서 철저히 배제시켰습니다. 나병을 앓던 시인 한하운은 '천형'이라는 말이 얼마나 어이 없는 것인지 다음과 같이 표현했습니다.

"죄명은 문둥이 이건 참 어처구니없는 벌이올시다. 아무 법문의 어느 조항에도 없는 내 죄를 변호할 길이 없다. 옛날부터 사람이 지은 죄는 사람으로 하여금 벌을 받게 했다. 그러나 나를 아무도 없는 이 하늘 밖에 세워 놓고 죄명은 문둥이 이건 참 어처구니없는 벌이올시다."

이 병이 참으로 어처구니없는 이유는, 그것을 하늘이 내린 벌이라고 말하며 환자들을 하느님과의 관계에서 소외시키고, 전염성을 이유로 이웃과의 관계에서도 단절시켰기 때문입니다. 한하운 시인의 말처럼, 환자들을 하느님도, 사람도 없는 "하늘 밖"에 세워 놓은 것입니다.

그러나 예수님은 나병 환자를 향해 다른 태도를 취하였습니다. 그는 그들을 가엾이 여기시고, 손을 펴 그를 만지며 고쳐주셨습니다. 이는 단순한 치유를 넘어, 당신과의 관계 즉 이웃과의 관계를 회복시킨 것입니다. 그리고 그를 사제에게 보내어 하느님과의 관계를 회복시키려 하셨습니다. 예수님은 선하고 자비로운 하느님을 믿으셨고, 그분의 사랑을 실천하기 위해 자신이 부정하다는 오해를 받는 것도 마다하지 않으셨습니다.

이 세상에는 우리가 그 원인을 알 수 없는 일이 많이 있습니다. 장애를 가진 생명, 설명할 수 없는 육체적·정신적 고통, 선한 사람들이 고통받는 반면 악한 이들이 부유하고 권력을 누리는 현실, 정직한 사람이 홀대받고 게으른 이가 더 대우받는 모습은 우리를 혼란스럽게 합니다. 그런데 예수님은 이 모든 불가사의한 일들을 합리적으로 설명하려 하지 않으셨습니다. 그분은 단지 목숨을 구하는 선한 일을 하며, 그 대가로 십자가의 죽음을 받아들이셨습니다. 그리고 제자들에게도 십자가를 지고 자신을 따르라고 하셨습니다.

예수님에게는 사랑은 있어도 정의를 빙자한 분노는 없었습니다. 그는 죄인들을 환영하며 그들과 함께 어울리셨습니다. 사도신

경에서 우리는 "모든 성인의 통공"을 믿는다고 고백합니다. 이는 모든 신앙인이 하느님 안에서 같은 친교를 누린다는 뜻입니다. 요한 1서는 이렇게 말합니다. "사랑하지 않는 자는 하느님을 모릅니다. 하느님은 사랑이시기 때문입니다." 사랑은 하느님을 알아듣는 길이며, 고통 가운데서도 우리를 사랑하시고 불쌍히 여기시는 하느님의 현존을 깨닫게 합니다.

예수님은 하느님의 일을 실천하며 사람들 위에 군림하려 하지 않으셨습니다. 사랑은 군림이 아니라 섬김이고, 사랑은 사랑을 부를 뿐입니다. 그리스도 신앙은 예수님의 실천을 따라가는 것입니다. 그분의 삶과 사랑을 본받는 매일이길 기도합니다.

2024년 2월 11일

함께 나누는 삶이 만드는 기적 ✝

시골 본당 주임신부로 처음 발령 받았을 때의 기억이 떠오릅니다. 그곳은 늘 젊은 신부들이 첫 발령으로 가는 작은 본당이었습니다. 발령 받은지 얼마 지나지 않아 추석이 되었습니다. 할머니 한 분이 땀에 절어 우리 밭에서 처음 딴 배라며 종이로 싼 배를 가져오셨습니다. 그리고 어떤 할아버지는 우리 논에서 처음 난 쌀이라며 가져오십니다. 첫배는 항상 신부님 몫이라면서요. 주방 없이 혼자 사는 신부라고 성당에 오시는 길이면 항상 양푼에 밥을 비벼 식사를 대접하셨습니다. 도시 촌놈이라 나물을 싫어하던 저는 거기 살면서 나물을 즐겨 먹게 되었습니다.

어르신들의 나눔은 특별했습니다. 자식이 오기 전에는 자식위해 김치 담으셨다며 먹어보라 가져오시고, 자식들이 용돈을 주고 가면 맛있는 거 사먹으라며 용돈을 건네셨습니다. 장날에는 자기 것 사며 조금 샀다고 고기를 주셨고, 겨울엔 만두를 빚어, 여름에는 국수를 삶아 주셨습니다. 이들에게 나눔은 삶의 일부였습니다.

늘 나누고 사셔서 그런지, 그 나눔은 어색하지도 서툴지도 않았습니다. 비싼 것은 아니었지만 마음이 담긴 선물이었습니다. 제가 차를 바꿨는데 그것도 모르시고 어느 놈이 우리 신부님 자리에 차를 뒀다며 홍시를 던져놓기도 하시고, 차를 깨끗이 닦아 주신다며, 쇠수세미로 박박 닦으시는 순수함 마저 그들만의 특별한 사랑이었습니다.

복음 속 오병이어는 이분들이 이미 하고 있는 것이었습니다. 대단한 기적이라기보다 평범한 나눔에서 비롯된 기적입니다. 공동체란 나누고 함께하며 살아가는 것입니다. 본당 신부는 본당 신자들이 있는 곳에 살아갑니다. 그리고 그것이 본당입니다. 많은 사람이 나눠 먹었다고 기적이 아닙니다. 기적은 함께하고 나눌 때 이루어집니다. 우리가 함께 기도하고 나누는 그 순간, 기적은 현실이 됩니다. 오병이어가 기적이 아니라, 우리가 삶 속에서 함께 나누는 순간들이 기적입니다. 이제 우리가 함께 기적을 만들어봅시다.

2023년 4월 21일

남의 아픔을 이해하려면 ✝

아주 오래전, 아마도 15년 전쯤의 일입니다. 어쩌다 부모교육 강사가 되었고, 한창 젊었던 때라 강의하는 재미에 신나게 이곳저곳을 돌아다니던 시기였습니다. 어느 날 선배 신부님과 한 자매님과 함께 차를 타고 가는 길이었습니다. 어색한 분위기 속에서 자매님이 말을 꺼내셨습니다.

"저는 들어도 잊어버리는데, 신부님은 젊으셔서 강의가 힘이 있으세요."

제가 우물쭈물하자, 선배 신부님이 대답하셨습니다.

"그럼 뭐합니까? 자기 배 아파 애를 낳아 본 적이 없는데."

그 말이 오래도록 마음에 남았습니다. 그렇습니다. 아무리 머리로 알고, 말로 표현할 수 있어도, 스스로 경험해보지 못한 고통은 온전히 이해할 수 없습니다. 자기 아픔을 겪어봐야, 남의 아픔도 이해할 수 있는 법입니다.

더 억울하고, 더 비참하고, 더 암담한 상황에 놓였던 성모님은 엘리사벳을 찾아갑니다. 그리고 엘리사벳은 성모님께 그 누구도 줄 수 없는 위로를 건넵니다. 이 만남이 중요한 이유는 예수님의 탄생이 바로 남을 위한 공감에서 출발했다는 것입니다.

책을 읽고, 영화나 드라마를 보는 이유는 무엇일까요? 내가 경험하지 못한 것을 간접적으로나마 경험하고, 공감의 폭을 넓히기 위해서입니다. 그러나 남의 아픔을 이해하지 못하는 이들에게 성탄은 아무 의미가 없습니다. 왜냐하면 예수님은 자신만의 세계에 갇혀 남의 고통을 외면하는 이들을 위해 오신 것이 아니기 때문입니다.

성탄은 공감과 위로에서 시작됩니다. 성모님과 엘리사벳의 만남처럼, 우리의 작은 공감과 위로가 이 땅에 진정한 성탄의 기쁨을 가져다줄 수 있기를 소망합니다.

2023년 12월 21일

나를 지탱해 주는 성체 ✝

요한복음은 다른 복음서들보다 영원한 생명을 특히 강조합니다. 이는 요한복음이 기록된 이유 중 하나이기도 합니다. 요한복음은 "이것들을 기록한 목적은 예수님께서 메시아이시며 하느님의 아드님이심을 여러분이 믿고 또 그렇게 믿어서 그분의 이름으로 생명을 얻게 하려는 것"이라고 말하며, 영원한 생명을 핵심 메시지로 삼습니다.

오늘 복음에서 예수님은 영원한 생명이 무엇인지 명확하게 보여주십니다. 영원한 생명은 주님 안에 머무르고 주님이 우리 안에 머무르는 것입니다. 영원한 생명은 주님과 우리가 갈림이 없이 하나가 된 상태입니다. 이 일치는 성체성사 안에서 구체화됩니다. 미사에서 성체와 성혈을 먹고 마시는 것은 생명의 주님을 모시는 것이요, 이를 통해 주님과 하나되어 영원히 사는 것입니다.

저는 군 복무시절, 전방 도라전망대에서 이 영원한 생명의 소중함을 절실히 느꼈습니다. 민족화해를 위한 미사가 전망대에서 이루어지고 있었고, 저는 초소 건너편에서 이루어지는 미사를 바라볼 수 밖에 없었습니다. 주일도, 성당도 잊고 지내던 그때, 눈 앞에서 미사가 진행되는 모습을 보며, 선임의 눈치를 보면서 입속으로 미사를 따라 했었습니다. 그때 만큼 성체가 간절히 그리웠던 순간은 없었습니다.

마더 데레사는 "성체는 나를 지탱해 주는 음식이다. 성체가 없는 내 봉헌 생활은 하루 한 시간도 지탱할 수 없다"고 말했습니다. 저 역시 그 말이 얼마나 진실인지 깨달았습니다. 성체는 단순한 의무나 상징이 아니라, 우리 영혼을 지탱해주고 삶의 중심에 자리 잡은 은총의 원천입니다.

제2차 바티칸 공의회는 미사를 "그리스도교 생활 전체의 원천이자 정점"이라고 선언합니다. 그러나 우리는 미사를 어떻게 대하고 있는지 스스로 돌아봐야 합니다. 주일미사가 단순한 의무로 전락하지 않았는지, 성체를 내 삶의 핵심으로 받아들이고 있는지 반성해야 합니다.

미사를 그저 참여하는 하나의 행사로 여기는 것이 아니라, 생명을 주시는 주님과의 만남으로 받아들여야 합니다. 성체가 우리 삶의 중심이 되고, 그 안에서 영원한 생명을 누리는 은총을 경험하는 것이야말로 진정한 신앙생활입니다.

2023년 6월 11일

하느님 사랑과 이웃 사랑   ✝

　율법학자, 즉 율법을 잘 알고 가르치는 이들이 예수님을 떠보기 위해 율법 중 가장 중요한 계명을 묻습니다. 유다교에는 지켜야 할 계명 248개와 금지 조항 365개 총 613개가 있습니다. 이 방대한 율법 중에서 어떤 계명이 가장 큰 계명인지 묻는 것은 단순한 질문이 아니라 예수님을 시험하려는 의도가 깔린 것입니다.

　예수님은 첫째 계명으로 신명기 6장 5절을 인용하며 답하십니다. "너희는 마음을 다하고, 목숨을 다하고, 정신을 다하여 주 너의 하느님을 사랑해야 한다." 마음을 다한다는 것은 흐트러지지 않는 것이고 목숨을 다한다는 것은 하느님을 위해 어떠한 희생도 마다하지 않는 것입니다.

　그런데 예수님은 여기서 멈추지 않고, 스스로 둘째 계명을 덧붙이십니다. 레위기 19장 18절의 말씀을 바탕으로 "네 이웃을 너 자신처럼 사랑하라."고 하십니다. 율법교사의 질문에 충분히 답한 후에도 예수님께서 두 번째 계명을 말씀하신 이유는 사랑의 계명이 서로 분리될 수 없는 연속성을 지니고 있음을 강조하기 위해서입니다.

예수님께서 말씀하신 둘째 계명은 하느님 사랑의 열매로서의 이웃사랑을 강조합니다. 하느님으로부터 사랑받는 내가 사랑을 이웃에 전하는 것입니다. 사랑은 받아본 자가 베풀 수 있습니다. 우리가 하느님께 사랑받고 있음을 깨달을 때, 자신을 사랑하게 되고, 이는 이웃을 사랑하는 실천으로 이어집니다. 사랑받지 못한다는 생각이 우리를 괴롭힐 때도, 사실 누군가 어디선가 나를 위해 기도하며 나를 사랑하고 있다는 사실을 기억해야 합니다.

우리가 건강하게 살고 있는 건 어딘가에서 누군가 우리를 위해 기도하고 있기 때문입니다. 우리의 삶은 혼자 힘으로 이루어진 것이 아닙니다. 수많은 사람의 사랑과 도움 덕분에 지금의 우리가 있는 것입니다. 이러한 깨달음은 우리로 하여금 이웃에게 사랑을 나누는 삶을 살게 합니다. 사랑받았다는 사실을 기억하고, 받은 사랑을 나눔으로써 우리 삶과 공동체에 하느님의 사랑이 꽃피기를 간구합시다.

2023년 8월 25일

사랑으로 엮인 공동체 ✝

마태오 복음은 공동체를 강조합니다. 예수님은 공동체를 강조하시며, 특히 약하고 소외된 이들에게 관심을 기울이는 것이 하느님 뜻임을 명확히 하십니다. "이 작은 이들 가운데 하나라도 잃어버리는 것은 하늘에 계신 너희 아버지의 뜻이 아니다" 이 말씀은 하느님의 관심이 항상 연약한 이들에게 머물러 있음을 잘 보여줍니다.

하지만 공동체는 본질적으로 갈등과 긴장이 함께 합니다. 초대 그리스도 공동체 안에서도 직무가 오용되거나 남용되는 사례가 있었음을 마태오 복음 사가는 암시합니다. 이러한 갈등은 인간이 함께 사는 모든 공간에서 자연스러운 일입니다. 중요한 것은 이 갈등을 해결하고 화합으로 나아가는 방법입니다.

일찍이 그리스도인들은 모든 일은 둘이나 세명의 증인의 말로 확정지어야 한다는 신명기의 말씀을 잘 알고 있었고 공동체에서 일반적으로 행해졌다고 사도 바오로도 증언합니다. 잘못을 저지른 형제에게 먼저 조용히 다가가고, 듣지 않을 때 두세 명이 함께 대화하며, 그래도 해결되지 않으면 공동체의 힘을 빌리라고 하십니다. 이는 서두르지 않고 단계적으로 문제를 해결하며, 쉽게 속단하지 않도록 배려하는 방법입니다.

또한 예수님께서는 "너희가 무엇이든지 땅에서 매면 하늘에서도 매일 것이고, 너희가 무엇이든지 땅에서 풀면 하늘에서도 풀릴 것이다."라는 말씀으로 공동체의 권위와 책임을 강조하십니다. 이러한 권위는 맺고 푸는 것으로 베드로를 통해 교회 공동체에 맡겨진 것입니다. 교회는 이를 바탕으로 죄인을 파문하고, 징계하지만 최종적인 것이 아니라 하느님과 화해의 기회를 가질 수 있는 사랑에 기초합니다. 공동체는 내가 실수할 수 있으니 남도 실수할 수 있다고 여기며 너그러워야 합니다.

형제에 대한 충고는 오래된 유다교의 전통이었습니다. 자칫하면 경색되고 돌이킬 수 없는 공적이고 법적인 방법이 아니라 형제의 잘못에 대해 부드럽게 접근하는 것입니다. 그런데 사실 우리가 형제와 대화하려 해도, 그 마음이 형제에게 전달되지 않을 수 있습니다. 형제와의 대화에서 중요한 것은 그의 처지와 감정을 이해하려는 노력입니다. 선의를 가진 충고라 하더라도 상대가 준비되지 않았을 때에는 마음에 닿지 않을 수 있습니다. 따라서 기다리는 인내와 조건 없는 존중이 필요합니다.

공동체는 약합니다. 그리고 오래된 공동체일수록 약한 부분을 알면서도 일부러 외면합니다. 때로는 서로의 약점을 외면한채 살아가지만, 그 약함을 보듬고 치유하는 것이 공동체의 본질입니다. 예수님은 "두 사람이나 세 사람이 내 이름으로 모인 곳에 나도 함께 있다"고 말씀하시며, 공동체 안에 현존하실 것을 약속 하였습니다.

우리 공동체가 늘 주님의 현존 안에서 약하고 작은 형제들에게 관심을 가지며 형제적 사랑을 실천하면서 살아가는 사랑의 교회가 될 수 있도록 성령의 크고 풍성한 열매를 청하도록 합시다.

2023년 9월 10일

내가 나를 사랑할 용기   †

우리말 성경에는 예수님이 베드로에게 똑같은 말로 세 번 당신을 사랑하는지 묻지만 그리스어 성경에서는 첫 번째와 두 번째는 '아가파오'라는 말로 사랑하느냐 묻고, 세 번째는 '필레오'라는 말로 사랑하느냐 묻습니다. 아가파오는 신적인 사랑, 그래서 진실로 사랑하느냐고 묻는 것이고 필레오는 우정을 가리키는 말입니다. 예수님이 세 번째 질문에서 왜 필레오를 사용했는지 주목할 필요가 있습니다. 그 이유를 알기 위해 베드로의 응답을 보아야 합니다.

예수님의 첫 번째 질문에 베드로는 우회적으로 필레오를 사용하여 답변합니다. 베드로가 예수님이 쓰신 아가파오를 쓰지 않고 필레오를 쓴 것은 자기 같은 죄인이 감히 신적 차원의 사랑을 주님께 드릴 수는 없다고 여겼기 때문입니다. 두 번째 질문에도 같이 답변합니다. 그러나 세 번째 질문에서 예수님께서 필레오로 묻자 베드로는 바로 답변을 하지 못합니다. 그리고 앞선 두 번의 대답과 달리 "주님께서는 모든 것을 아십니다. 제가 주님을 사랑하는 줄을 주님께서 알고 계십니다."라고 응답합니다. 예수님은 발을 씻겨 주는 그 날처럼 '이제 나를 스승이 아니라 벗이라고 부르라'며 자신을 낮추신 것입니다. 이는 베드로가 용기를 내어 일어서게 하기 위함이었습니다. 배반으로 인한 죄책감과 수치심의 깊은 상처를 치유해 주시려는 것이었습니다. 만일 베드로가 잘못을 탓하며 내내 죄책감으로 괴로워하면 자신을 경멸하게 되고 결국 주님의 양을 제대로 돌보지 못할 것입니다.

몇 번의 실패 경험은 한참 잘나가던 제게 제동이 되었습니다. 잘하고 있다고 생각할 때마다 여지없이 걸림돌에 무너질 때, 나의 부족과 약점을 주변 사람들에게 드러내고 도움을 청할 때 나는 나를 사랑하게 되었습니다. 핑계를 대고 숨고 약점과 부끄러움을 감추게 되면 자신을 사랑하기보다 증오하게 됩니다. 그래서 이런 기도를 드립니다.

"주님, 사랑하느냐 묻지 마세요. 그냥 사랑해 주세요."

그리고 제가 저를 사랑하게 해 달라고 기도합니다.

2023년 5월 26일

7장 부활과 희망

향기를 뿜어내는 우리 주변의 부활 ✝

 부활은 춘분이 지난 첫 번째 보름에 보냅니다. 봄이 되어 세상의 모든 것이 되살아나는 그런 시기에 부활을 보내는 것이지요. 신학생 때는 백목련이 지고 자목련이 필 즈음 부활이 다가왔습니다. 본당에 가는 부활 방학도 기다려지고 성소주일에 찾아오는 본당 식구들도 기다려졌던 때입니다. 세상의 모든 것이 밝아지고 환해지는 시기입니다. 그렇다면 우리의 부활은 어떻게 찾아오고 있을까요?

 성주간 등장하는 마리아와 마리아 막달레나의 이야기에는 공통적으로 향유와 향료가 등장합니다. 이스라엘 사람들은 사람이 죽으면 냄새가 나지 말라고 향료를 피우고 사람의 몸을 씻고 향유를 발랐습니다. 향유나 향료는 보호하는 역할을 했습니다. 시체를 날짐승으로부터 보호하거나 혹은 상처로부터 보호하는 일이었습니다. 반면 부활하신 예수님은 무덤을 막았던 돌을 치우고 밖으로 나가셨습니다.

 우리는 위험에 이르면 더 나빠지지 않게 그것을 지켜내려고 안

간힘을 씁니다. 큰 사고가 일어났을 때도 덮으려만 하지 드러내려고 하지 않습니다. 집안에 일이 생기면 감추려고 하지 문제를 해결하려고 하지 않습니다. 그래서 죽음으로, 나락으로 더 파고들어갑니다.

 빌라도가 환호를 받으며 예루살렘에 입성할 때 그 자리에 갈 수 없는 누추하고 별 볼 일 없고 눈에 띄지 않아야 하는 사람들이 베타니아 올리브 산 동산에 올라 노새를 타고 터벅터벅 오는 예수님을 맞이합니다. 척박한 땅으로 오는 예수님을 맞이하는 이들은 가진 게 없는 사람들이었습니다. 그들은 드러나서는 안 되는 이들, 즉 문 뒤에 숨겨야 하는 이들이었습니다. 그런 이들이 예수님을 찾아온 것이 부활의 첫 선포입니다. 그런 이들에게 문을 열어 드러내는 것이 부활입니다. 남이 보면 어떨까 싶어 머뭇거리는 이들에게 당당히 맞서게 한 것이 부활입니다.

 죄인의 죽음에서 시작된 예수님의 부활은, 부끄러움과 두려움 속에서도 그분을 지키고자 했던 사람들로부터 시작되었습니다. 향유와 향료는 더 이상 보호하고 가리는 역할이 아니라, 새로운 희망과 기쁨을 퍼뜨리는 상징이 되었습니다.

 오늘날 부활은 우리에게 어떤 의미일까요? 국제 대회에서 태극기를 달고 금메달을 따는 한국인, K-POP에 열광하는 세계를 바라보며 우리는 자부심과 연결의 기쁨을 느낍니다. "나와 같은 연결고리를 가진 이가 드러날 때 내가 드러난 것처럼 기쁘다." 이것이 바로 부활의 현대적 모습입니다.

   부활은 단지 보호하고 지키는 것이 아닙니다. 부활은 향유와 향료처럼 자신을 드러내고, 다른 이들과 연결되며, 기쁨을 널리 퍼뜨리는 것입니다. 그들의 향기에 취하고, 나 또한 그 향기를 뿜어내고 싶어지는 것, 그것이 부활의 본질입니다.

2021년 4월 4일

부활은 새로운 삶을 살아가는 것 ✝

> 죽은 이들 가운데에 되살아나신 것처럼, 우리도 새로운 삶을 살아가게 되었습니다. (로마서 6,4)

부활은 '새로운 삶'을 의미합니다. 부활의 상징은 불입니다. 그리스신화에서 프로메테우스가 올림포스에서 훔쳐 인간에게 주었다는 불처럼, 불은 어둠을 밝히고 진리를 식별하게 하며 죄와 수치에서 벗어나 떳떳하게 세상으로 나아가게 하는 힘을 줍니다.

우리의 삶은 과거로 돌아갈 수 없습니다. 부활은 현재의 어려움이 없었던 상태로 돌아가는 것이 아니라, 지금의 현실을 인정하고 받아들이며 극복하는 것입니다. 우리의 새로운 삶은 이미 시작되었습니다. 우리는 세례를 통해서 이미 새로운 삶을 살아가고 있습니다. 부활은 우리의 과거를 받아들이고 잘못을 인정하고 그 위에서 새로운 삶을 살아가는 것입니다. 그동안 아니라면서 숨기고 부끄럽다고 여겼던 것을 혼자 힘으로 이겨내려고 하는 것이 아니라 자기가 부족한 존재라는 것을 받아들이고 하느님의 은총을 청하는 것입니다.

부활의 신비는 힘이 있는 사람이나 잘난 사람에게는 쉽게 열리지 않습니다. 하지만 가장 힘이 약한 사람들, 과거로 돌아갈 필요가 없는 사람들은 새로운 삶에 더 쉽게 다가갈 수 있습니다. 잃을 것도, 빼앗길 것도 없는 사람들은 자신의 힘이 아닌 하느님의 은총을 의지하며 살아갑니다.

유럽에서는 장례식에 종소리가 울리고, 한국에서는 근조등이 켜지며 서로가 기도와 사랑으로 고통을 나누곤 했습니다. 부활은 이렇게 혼자 힘으로 극복할 수 없는 고난을 주변의 사랑과 관심으로 이겨내는 새로운 삶의 시작입니다. 새로운 삶으로서 부활은 그래서 내게, 우리에게 얼마나 의미 있는 존재들이 곁에 있는가 하는 것입니다.

제게도 부활의 의미를 깨닫게 해주는 많은 분들이 있습니다. 저를 위해 기도하고, 사랑을 나눠주는 가족, 동료 사제, 그리고 신자들이 있기에 저는 잘 극복할 수 있었습니다.

우리 함께 부활합시다. 지금까지와는 다른 삶, 내가 변화하여 하느님의 은총을 청하는 삶이 부활입니다. 저보다 먼저 새로운 삶을 살아가고 있는 신자들에게 존경의 인사를 하며 부활 인사를 합니다.

"알렐루야, 주 참으로 부활하셨다."

2022년 4월 16일

부활, 우리가 찾아나서는 봄의 여정 ✝

부활절에 산에 오르는 것은 다른 계절과는 또 다른 즐거움이 있습니다. 막 피어나는 꽃들, 푸릇푸릇한 풀, 그리고 새들의 지저귐이 우리의 마음을 밝게 합니다. 겨우내 가지 않았던 산을 오르며 헉헉대던 숨소리도 점차 익숙해지며, 아픈 다리와 뻐근한 몸도 자연의 생동감 속에서 위로를 받습니다.

겨울이 지나며 모든 것이 죽어버린 듯했던 곳에 꽃이 피고 새가 울고 풀이 돋아나는 모습을 보노라면, 부활 역시 이런 모습과 닮아 있음을 느낍니다. 그러나 이 모든 변화는 순식간에 지나가 버립니다. 우리가 관심을 가지지 않으면 매화와 목련, 벚꽃이 피고 지는 순간을 놓치듯, 우리 곁에 오시는 부활의 주님도 놓쳐버릴 수 있습니다.

복음 속 마리아가 부활하신 예수님을 보고도 알아보지 못했던 것처럼, 부활의 기적은 이미 우리 곁에서 일어나고 있지만, 우리가 신경 쓰지 않으면 그분을 알아보지 못할 수도 있습니다.

부활은 산에 올라 봄을 느끼는 것과 비슷합니다. 단순히 따뜻한 바람이나 얇아진 옷으로 느끼는 봄이 아니라, 직접 산을 찾아 올라 생생하게 마주하는 봄이 진정한 봄인 것처럼, 부활도 우리가 찾아 나서야 하는 사건입니다.

부활은 우리 내면의 변화와 새로 태어남을 통해 이루어집니다. 부활은 우리가 가만히 기다리는 것이 아니라, 적극적으로 찾아 나서고 묵상해야만 비로소 느낄 수 있는 것입니다.

잠시 멈추어 부활하신 주님이 내게 어떤 분이신지 묵상해 보았으면 합니다. 그분은 내게 어떤 말씀을 건네시는지, 내가 어떤 삶을 살아가길 바라시는지 귀를 기울여야 합니다. 부활은 산에 올라 봄을 맞이하는 것처럼, 무리하지 않고도 조용히 우리의 내면에서 발견할 수 있는 은총의 순간입니다.

2023년 4월 11일

선택받은 삶 ✝

제가 오늘 신부로 살아가는 것은 부모님의 기도 덕입니다. 부모님의 기도가 없었다면 제가 이렇게 근근이 살아갈 힘도 얻지 못했을 것입니다. 저를 사제로 봉헌하시고 나서는 부모님이 저를 부르는 호칭도 달라졌습니다. 저를 당신의 아들이기 전에 하느님의 사람으로 생각하십니다. 부모님이 아니면 신부가 아니었을 것이고 그분들이 당신의 아들이기 전에 하느님께 내어 맡겼으니 신부로 살아가는 것입니다.

성모님께서 예수님을 선택하신 것이 아니라, 하느님께서 성모님을 선택하셨다는 이야기를 들은 적이 있습니다. 천사 가브리엘이 전한 하느님의 뜻에 응답한 성모님은 자신을 선택하신 예수님을 사랑으로 돌보셨습니다.

우리 삶 속에 있는 많은 것들, 신발, 옷, 책, 전자제품, 친구, 가족, 이웃들조차도 우리가 선택한 것처럼 보이지만, 사실은 그들이 우리를 선택해 준 것이라고 생각할 수도 있습니다. 내가 선택한 것이라고 하면 애착이 있을 수 있고, 욕심이 생길 수 있고, 상실에 대해 아쉬움이 클 수 있습니다. 그러나 그들이 나를 선택한 것이라고 여긴다면, 우리는 감사할 수 있습니다.

예수님께서 이 세상에 오신 이유는 우리의 삶을 '내 것'이라는 틀에서 '하느님의 것'이라는 틀로 바꾸기 위해서입니다. 오늘 복음에서 분명하게 말씀하십니다.

"하늘에 계신 내 아버지의 뜻을 실행하는 사람이 내 형제요, 누이요. 어머니입니다."

하느님께서 나를 선택하셨다고 믿는다면 우리는 많은 벽을 허물 수 있을 것입니다. 외롭고 힘들어도, 우주에서 가장 아름답게 빛나는 지구는 하느님의 선물이자 우리에게 주어진 은총입니다. 하느님 나라는 저 멀리 있는 것이 아니라, 우리가 지금 살아가는 이곳에서 시작될 것입니다.

2023년 11월 21일

순교자의 피로 물려받은 신앙 ✝

"순교자들의 피는 신앙의 씨앗이다."

떼르뚤리아노 교부의 말씀처럼 수많은 한국 순교자들의 피 위에 신앙의 꽃이 피어 신앙의 꽃이 피어 김대건 신부님의 뒤를 잇는 방인사제가 6,900명이 넘게 탄생하였고, 신자들도 500만 명이 넘게 되었습니다. 이는 김대건 신부님과 신앙 선조들의 뜨거운 열망과 헌신 덕분이라 할 수 있습니다.

2013년 1월 저는 목포가톨릭대학교 학생들과 함께 김대건 신부님께서 마카오 유학 시설 피난 하셨던 마닐라 북쪽 '롤롬보이'를 다녀왔습니다. 당시에는 성 도미니코 수도회 수도원이 있었는데 김대건 신부님은 1839년 8월 그 피난처에서 아버지 김제준 이냐시오의 편지를 받았습니다. 9월 26일 김 이냐시오께서 순교하셨으니 아들에게 보내는 마지막 편지였을 것입니다.

김대건 신학생은 아버지의 편지를 받고 망고나무 아래서 하염없이 뜨거운 눈물을 흘리시며 어서 빨리 사제가 되어 조선에 복음을 전해야겠다는 열망을 가지셨을 겁니다.

"지금 나는 어떤 열망을 지니며 살고 있는가?"

이 물음은 우리의 미래를 결정짓는 중요한 물음입니다.

우리 신앙 선조들은 바오로 사도의 말씀처럼 "하느님의 영광에 참여하리라는 희망을 자랑으로 여기며"(로마5,2) 환난마저도 자랑으로 사셨습니다. 그러나 오늘날 우리는 안락함을 추구하고, 세상의 영광만을 바라보며, 환난을 피하려 합니다. 이는 순교자의 후손으로서의 삶과는 동떨어진 모습입니다. 이웃 사랑을 외면하고, 자신의 행복만을 추구하며, 기도에 소홀하고, 봉헌과 나눔의 삶을 살지 않는 것, 주일을 거룩히 지내지 않는 것 모두가 신앙의 역증거입니다. 김대건 신부님의 편지는 신앙의 증거가 무엇인지를 잘 보여줍니다.

"베르뇌 신부님, …… 안녕히 계십시오. 오래지 않아 천국의 영원하신 성부님 대전에서 모두 다시 뵙기를 바랍니다. 내 가장 사랑하는 형제 (최양업) 토마스, 잘 있게. 우리 천당에서 다시 만나세. …… 그리스도의 이름을 위해 감옥에 갇힌 나는, 그분의 권능에 나 자신을 의탁하여, 천주께서 나로 하여금, 악형 중에 용감히 항구하도록 붙들어 주시기를 바란다네."

우리나라에는 순교자 103위 성인과 복자 124위 외에도, 이름조차 모르는 수많은 무명의 순교자들이 있습니다. 순교자들은 신앙을 위해 골짜기로 숨어 들어가야 했습니다. 그리고 언제 포졸들이 들이닥쳐 잡혀갈지 모르는 불안함과 두려움에 늘 맞서야 했습니다. 그런데다 사람의 눈을 피해 외진 곳으로 갔으니 먹을 것도 넉넉지 않고, 잘 곳도 제대로 마련되어 있지 않았습니다. 그들의 삶은 생각보다 더 열악했을 겁니다. 그러다 어느 날 갑자기 들이닥친 포졸들에게 끌려갔고, 배교를 강요당하며 고문을 받다가 마침내 치명당했습니다. 순교자들의 삶은 극한의 고난 속에서도 원망과 증오가 없었습니다. 자신을 잡아간 포졸들조차 원망하지 않고, 하느님께 갈 기쁨으로 죽음의 칼날 앞에서도 환하게 웃었습니다.

한국 순교자 대축일을 맞은 오늘 나의 신앙을 되돌아봅니다. 나는 순교자의 후손답게 살고 있는지, 나는 내가 가진 것, 내 안에 있는 아집, 욕심을 버릴 수 있는지, 나는 하느님을 위해 기꺼이 목숨까지 내어놓을 수 있는지 묻습니다.

우리는 순교자들의 피로 물려받은 신앙을 자신의 삶 속에서 증거해야 합니다. 넘어지고 쓰러질 때가 있더라도 다시 일어서서 하느님을 향한 발걸음을 내딛어야 합니다. 나의 삶이 누군가에게 신앙의 디딤돌이 될 수 있도록, 자랑스러운 순교자의 후손으로 살아가야 합니다.

2023년 9월 17일

두려워하지 말라, 주님이 함께하시니 ✝

예수님께서는 우리에게 두려워하지 말라고 반복하여 말씀하시며, 세상과 하느님에 대해 알아야 할 몇가지 중요한 진리를 계시하셨습니다.

첫째, 나는 너희들을 해치려고 온 것이 아니다. 하느님께서는 항상 사랑으로 오시기 때문에 하느님의 현존을 두려워하지 말라고 말씀하십니다.

둘째, 새로운 것을 두려워하지 마라. 하느님께서 우리의 삶에 들어오시면 무언가 변화가 있을 수 있습니다. 그러나 그 변화는 우리를 위협하거나 해롭게 하지 않습니다.

셋째, 이해하지 못하는 것을 두려워할 필요는 없다. 만약 그것이 하느님께로부터 오는 것이라면, 이해할 수 없어도 두려움 대신 신뢰할 수 있습니다.

이 진리들은 성경의 여러 장면에서 구체적으로 드러납니다. 예수님의 탄생을 예고받은 마리아는 자신 앞에 미래를 온전히 이해하지 못했지만, 두려움 없이 하느님의 계획에 자신을 내어 맡겼습니다. 부활하신 예수님을 처음 만난 제자들 역시 그분의 현존을 이해하지 못했지만, 두려움을 떨치고 기쁨 속에서 그분과 다시 연결되었습니다.

성직자의 삶 역시 두려움과 새로운 경험의 연속입니다. 교구 사제로 살아가는 길은 익숙한 곳을 떠나 낯선 곳에서 친숙함을 만들어가는 여정입니다. 그러나 그 여정이 두렵지 않은 이유는 그 길 어디든 주님께서 함께 계심을 알기 때문입니다.

우리의 삶은 매일이 풍랑입니다. 과로, 스트레스, 그리고 바쁘다는 핑계로 기도할 시간을 놓치곤 합니다. 하지만 이러한 풍랑을 만든 것은 대개 남이 아니라 우리의 욕심과 태만일 때가 많습니다. 풍랑 속에서 주님께 시선을 고정할 때 우리는 비로소 고요를 찾을 수 있습니다. 예수님께서 제자들에게 풍랑을 진정시켜 고요한 곳으로 이끄셨듯이, 우리의 기도 속에서 주님은 우리를 평화로 인도하십니다.

풍랑에 빠져드는 우리에게 손을 내밀며 주님이 말씀하십니다.

"나다. 두려워하지 마라."

두려움 속에서도 주님이 내미는 손을 잡으십시오. 언제든 주님이 먼저 손을 내미십니다.

2019년 1월 9일

8장 신앙의 실천과 도전

신앙은 습관입니다 ✝

준비 없이 좋은 강의를 할 수 없고, 글을 쓰지 않고 책을 낼 수 없습니다. 좋은 강의와 글은 그만큼 시간과 정성을 들인 결과입니다. 모든 일이 그러하겠지요. 시간을 투자하는 이유는 그 과정의 끝에 좋은 결과가 있을 것이라는 믿음이 있기 때문입니다. 믿음이 있으면 그만큼 시간을 들이는 것이 가능한 법입니다.

묵주기도도 마찬가지입니다. 얼마나 해야 잘하는 기도가 되는지는 정해진 답이 없습니다. 습관처럼 매일 드리는 사람도 있고, 마음이 움직일 때마다 하는 사람도 있습니다. 그러나 기도 중에 내가 청하는 것이 이루어질지 아닐지를 의심한다면, 이는 자신과 하느님에 대한 믿음이 부족한 탓입니다. 주인이 문을 열어줄 것이라는 확신이 있다면, 그 문이 열릴때까지 두드리는 것처럼, 믿음이 기도의 원동력이 됩니다.

저는 가끔 묵주기도를 이유없이 드립니다. 잠을 청하려고, 문득 떠오른 이웃을 위해, 또는 별다른 이유없이 기도합니다. 그리고 가끔은 별 이유 없이 미사를 드리면서 누군가를 떠올리며 드립니다. 생각나서 당신을 위해 미사를 드렸다 하면 그날 무슨 일이 있었는데 제 기도 덕에 잘 풀렸다고도 하시니 쑥스러우면서도 묵상에 잠기게 됩니다. 기도 중에 과연 하느님께서 내 청을 들어주실 것이라는 확신을 가지고 있었는지, 그 확신이 있다면 얼마나 마음을 다하여 기도했는지 말입니다.

교양 수업을 하며 매주 학생들에게 과제를 내주고 피드백을 주고 있습니다. 처음에는 결과 중심의 평가에 익숙한 학생들이 귀찮아 했지만, 매주 글을 쓰고 생각하는 과정을 반복하면서 점차 마음을 두기 시작했습니다. 꾸준히 반복하는 습관이 그들의 생각을 변화시키고 믿음을 싹트게 한 것입니다.

기도도 이와 같습니다. 자주 드리다 보면 손과 마음이 기도에 스며들어, 어느 순간 기도하는 자신을 발견하게 됩니다. 나도 모르게 믿음이 기도 안에 자리 잡게 되고, 신앙은 습관이 되어 우리의 삶 속에 깊이 뿌리내립니다.

신앙은 특별한 순간이 아니라, 매일 반복하는 작은 행동 속에서 자라납니다. 오늘도 묵주를 손에 쥐고 조용히 기도하며, 하느님과의 관계를 깊게 만들어가는 작은 습관을 시작해 보시길 바랍니다.

2021년 10월 7일

가난한 이들과 연대하며 은총을 나누는 삶 ✝

오늘은 세계 가난한 이의 날입니다. 교종은 이번 담화에서 "가난의 큰 강이 우리 도시를 가로지르며 범람할 정도로 차오르고 있다."고 언급하며 전쟁, 노동자들에 대한 비인간적인 대우, 그리고 물가 상승으로 인한 빈곤과 같은 현대의 다양한 가난의 모습을 지적하였습니다. 가난한 이들을 마주할 때마다 외면하지 말라는 토빗서의 말씀처럼, 교종은 우리가 이 책임에서 자유로울 수 없음을 상기시키며, 가난한 이들이 바로 주 예수님이라는 사실을 강조하십니다.

교종은 가난 문제 해결을 위해 두 가지를 제안합니다. 첫째, 공공기관이 제 역할을 다하도록 촉구하고 압력을 가해야 합니다. 둘째, 단순히 위로부터 내려오는 도움만을 기다리지 말고, 우리 각자가 행동에 나서야 합니다.

복음의 달란트 이야기를 통해 이 문제를 다시 생각해봅니다. 만약 달란트가 하느님께서 우리에게 주신 은총이라면, 그것은 가만히 보관하는 것이 아니라 나누고 키워야 하는 것입니다. 복음에서 다섯 달란트와 두 달란트를 받은 사람들은 그것을 나눔과 선행으로 확장시키며 더 큰 축복을 받습니다. 반면 한 달란트를 받은 사람은 그것을 땅에 묻고 은총을 나누지 않아 그 기회를 잃었습니다.

신앙도 이와 같습니다. 신앙은 단순히 내 욕심을 채우는 수단이 아니라, 하느님의 축복을 나누고 이웃을 보살피며 사는 삶의 운동입니다. 하느님의 빛을 받아 우리의 삶을 비추고, 그것을 이웃과 공유함으로써 우리는 더욱 풍요로운 신앙생활을 할 수 있습니다. 다섯 달란트, 두 달란트, 한 달란트 모두가 은혜로운 것입니다. 우리에게 거저 주어진 은총입니다.

가을의 단풍은 스스로를 내어주며 자연의 아름다움을 드러냅니다. 우리도 하느님께서 주신 생명을 축복으로 여기고, 그것을 아낌없이 나눌 때 비로소 우리의 삶은 은총으로 가득 찹니다. 우리가 가진 것은 모두 하느님께서 거저 주신 선물입니다. 그 선물을 나누는 순간, 우리는 하느님의 일을 연장하며 참된 신앙의 길을 걷게 됩니다.

가을이 겨울로 넘어가듯, 우리 삶도 계절처럼 순리대로 흘러갑니다. 이 계절의 변화 속에서 하느님의 사랑에 감사하며, 우리도 그 사랑을 나누는 삶을 살아야 합니다. 가난한 이들과 연대하고, 그들에게 손을 내미는 것은 단순히 도움을 주는 행위가 아니라, 주님의 삶을 실천하는 신앙의 모습입니다.

2023년 11월 19일

진정한 사랑은 동료가 되는 것   ✝

신부가 된 후 가끔 언짢게 들리는 말들이 있었습니다. "까불던 것이 신부가 되었네." 혹은 "너 많이 컸다."며 은근히 무시하는 듯한 말을 들으면, 속이 상하기도 했습니다. 그런데 문득 제가 그와 비슷한 태도로 다른 이들을 대하고 있다는 것을 깨달았습니다. 그들의 현재를 인정하기보다 내가 한 수 위라는 듯 우쭐대는 모습을 보았습니다.

복음은 우리에게 진정한 사랑이란 "자선이 아니라 동료가 되는 것", "스승이 아니라 벗이 되는 것"이라고 가르칩니다. 예수님의 모습은 우리에게 많은 깨달음을 줍니다. 교리에 대해 많이 안다고 해서, 혹은 먼저 살아본 경험이 있다고 해서 모든 면에서 뛰어날 수는 없습니다. 사랑은 지식이나 권위가 아니라 누구에게나 배우고 다가설 수 있는 겸손에서 시작됩니다.

대접받고 인사받는 것을 당연하게 여길수록 주님의 사랑과는 멀어집니다. 우리 모두 오늘 이 자리에 오기 전에 얼마나 많은 순간 대접받고 인사받으려고 노력했는지 잠시 생각해봅시다. 예수님께서 가르쳐 주신 참다운 사랑은 동료가 되어 서로를 섬기는 것입니다.

2005년 4월 29일

선물로 살아가는 우리   †

마리아께서 엘리사벳을 방문하여 그 임신한 몸에 놀라며, 자신에게 일어난 일에 대한 놀라움을 전합니다. 그 상황은 아마 부끄러웠을 수도 있습니다. 늙은 나이에 아기를 갖는 것, 처녀가 아이를 갖는 것, 모두 사회적 시선에서 보면 부끄러운 일이었을지도 모릅니다. 하지만 그 부끄러움 속에서도 마리아는 혼자가 아니라는 사실에서 위로와 힘을 얻었을 것입니다. 둘이 함께하는 힘, 나 아닌 '우리'라는 힘이 있기 때문입니다. 예수님의 이름인 '임마누엘', 즉 '하느님이 우리와 함께 하신다'는 의미는 우리를 혼자 두지 않으시며, 그로 인해 외로움이나 슬픔, 두려움을 넘어서게 하는 힘입니다.

이처럼 혼자가 아니라는 것은 우리 신앙에서도 중요한 부분입니다. 내가 어려움에 처해 있을 때, 해결할 수 없는 고민에 빠졌을 때, 다시 일어설 수 있는 힘은 주님께 의탁하는 마음에서 나옵니다. 나의 걱정과 고민이 모두 주님께 드려질 때, 우리는 다시 용기를 얻고 삶을 이어갈 수 있습니다.

그리스도는 이 세상의 선물입니다. 하느님의 마음을 전하는 선물이지요. 사실 모든 아이가 부모에게 주는 하느님의 선물입니다. 그러나 그 선물은 원래 내 것이 아니기 때문에 내 뜻대로 살게 할 수는 없습니다. 우리 역시 하느님의 선물로서, 부모에게 태어나지만 결국 하느님의 뜻대로 살아가야 합니다. 하느님의 뜻은 때로 우리 뜻과 맞지 않지만, 그 뜻이 신비롭고 오묘하게 펼쳐져, 결국 우리를 더욱 완전하게 만듭니다.

2021년 12월 19일

따스한 봄날의 매화꽃처럼 떨어지신 ○○○ ✝

"인생은 기껏해야 칠십 년 근력이 좋아서야 팔십 년, 그나마 고생과 슬픔이오니 덧없이 지나가고 우리는 나는 듯 가버리나이다."

성무일도의 시편 중 이 구절이 생각난 것은 할머니의 지난 80여 년의 삶과 어느 정도 같아서일까요? 병 한 번 없이 전날까지 같이 지내던 할머니의 죽음에 왜 이리 아쉬움이 남는 것일까요? 너무나도 갑작스럽게 떠나 인사 제대로 하지 못한 아쉬움 때문이 아닐까 싶습니다. (중략)

"내 말을 듣고 나를 보내신 분을 믿는 사람은 영원한 생명을 얻을 것이다." (요한 5,24)

할머니의 죽음을 맞이하며 우리는 자연스레 죽음에 대한 두려움을 느낍니다. 그것은 단지 할머니의 죽음 때문만이 아니라, 우리 자신도 언젠가 이 세상을 떠나야 한다는 사실을 마주하기 때문입니다. 떠나야 할 그 길은 아무도 체험해보지 못한 미지의 여정이며, 죽음은 헤어짐과 영원한 이별이라는 무게를 동반하기 때문입니다.

그러나 신앙인들에게 죽음은 끝이 아닙니다. 그것은 새로운 만남과 영원한 생명을 준비하는 문입니다. 하느님을 믿는 우리는 죽음을 통해 이생을 떠나는 것이 아니라, 영원한 생명을 통해 또 다른 삶으로 옮겨가리라는 믿음을 품고 있습니다.

따뜻한 봄날, 매화꽃에 앉았다 떠나는 벌 한 마리를 바라봅니다. 매화꽃이 떨어지면 열매가 맺히겠지요. 그러나 꽃이 떨어지기를 거부한다면, 결국 열매를 맺지 못할 것입니다. 할머니는 이 세상을 떠나셨지만, 우리 공동체에 열매를 남기기 위해 스스로 떨어진 아름다운 매화꽃 같은 분이셨습니다. 할머니는 우리보다 먼저 하느님을 알아 하느님 안에서 살다, 이제 우리가 들어가야 할 세상으로 먼저 가셨습니다. 글을 몰라 부끄럽게 여기셨던 이 세상과는 달리, 이제는 하느님을 직접 마주하는 영광 속에 계십니다.

이제는 80년 인생의 무게를 벗어나, 슬픔과 아픔 대신 영원한 행복을 꿈꾸며 살아가실 것입니다. 우리는 그렇게 살아가시길 기도드립니다.

여기 모이신 신자 여러분과 유가족 여러분, 우리의 인간적인 서운함과 아쉬움을 하느님께 맡깁시다. 영원한 안식을 누리실 할머니를 위해 기도드립시다. 그분께서 하느님 품 안에서 따스한 사랑을 누리며, 우리가 그곳에 도달할 때 '잘 왔다' 맞아주실 수 있도록 기도

합시다. 그리하여 우리 역시 하느님 품 안에서 살아가는 날을 기다리며 살아갈 수 있도록 기도합시다.

2006년 3월 28일

당신의 젊은 날을 위로하실 것입니다 ✝

　죽음은 우리가 한 번도 경험해보지 못한 여정이기에 우리를 눈물짓게 합니다. 할머니의 음성이 귓가에 맴돌고 모습이 눈앞에 떠오르더라도 그것은 바람소리이자 환상일 뿐입니다. 지금 할머니께서는 우리 앞에 조용히 누워 계시며 하느님 나라를 향한 새로운 여행을 시작하셨습니다. 죽음은 단순히 우리 곁을 떠난 것이 아니라, 먼저 하느님의 품으로 가신 것입니다. 우리 역시 언젠가는 이 여정을 따라 하느님께로 향할 것이며, 그의 나라에서 다시 할머니를 뵙게 될 것입니다.

　할머니께서는 젊은 시절을 일제강점기와 한국전쟁의 혼란 속에서, 그리고 내일을 기약할 수 없는 가난과 싸우며 보내셨습니다. 말하지 못하는 억울함과 시대의 포로가 되어 목숨을 부지하기 위해 떠돌아야 했던 시절이 있었을 것입니다. 자식들을 위해 허리띠를 졸라매고, 가장 맛없는 것들도 맛있다고 위로하며 지난 고된 세월을 견뎌내셨습니다. 할머니는 오늘의 고통이 늘 내일의 희망이어야 한다고 스스로를 다독이며 사셨을 것입니다.

복음은 그런 할머니께 행복을 약속합니다. 마음이 가난했던 젊은 시절, 슬픔에 잠기고 늘 주눅 들었던 시간들, 혹여 그 모든 날들이 저주 같았을지라도 하느님께서는 위로해 주실 것입니다.

또한, 갑작스러운 이별로 인해 미처 작별 인사를 나누지 못한 유가족들에게도 하느님께서는 위로를 주십니다. 유언 한마디 듣지 못한 채 떠난 할머니를 원망하거나 세상이 불공평하다고 탄식할 수도 있습니다. 그러나 하느님께서는 여러분의 눈물을 친히 닦아 주시며 등을 토닥이며 복음의 말씀을 들려주실 것입니다.

"기뻐하고 즐거워하여라. 너희가 받을 큰 상이 하늘에 마련되어 있다." (마태오 5,12)

이제 우리는 슬픔을 뒤로하고, 하느님의 행복을 받을 준비가 되어 있는지 스스로를 돌이켜봐야 할 때입니다. 함께 슬퍼하면서도 내심 할머니께 혹여 서운했던 일이 없는지, 혹은 마음에 남아 있는 섭섭함이나 상처는 없는지 돌아보아야 합니다. 할머니께서도 우리가 이 자리에서 서로를 용서하고 화해하기를 바라실 것입니다.

비록 할머니께서 육신으로 우리 곁을 떠나셨지만, 그분은 우리를 위해 기도하고 계실 것이며, 우리 또한 할머니를 위해 기도함으로써 사랑 안에서 하나가 될 수 있습니다. 우리는 기도 속에서 할머니와 함께 머물며 하느님 나라를 살아가고 있음을 잊지 말아야 합니다.

2024년 1월 6일

009장   해외 성지순례 미사 강론

나를 부르시는 하느님
* 이스라엘 나사렛 주님 탄생 예고 성당

✝

주님 탄생 예고 성당은 우리 신앙의 발원지입니다. 한 사람의 순수한 응답으로 시작된 곳, 마리아의 '예'라는 한마디로 구원이 시작된 곳입니다. 하느님께서는 불가능이 없으신데, 왜 하필 마리아를 통해 이 불가능한 일을 이루고자 하셨을까요?

저는 한 때 마리아의 응답이 구원의 시작점이라 생각했습니다. 마리아가 '예'라고 답하지 않았다면 모든 것이 달라졌을 것이라 믿었습니다. 그러나 제 자신의 한계를 마주하며 의문이 생겼습니다. '왜 하필 마리아였을까?'라는 질문이 '왜 마리아 같은 부족한 인간을 선택하셨을까?'로 변해갔습니다.

저는 열심히 하면 모든 것이 가능하다고 믿었습니다. 실패는 노력 부족의 결과이며, 최선을 다하면 무엇이든 이룰 수 있다고 생각했습니다. 하지만 점차 의문이 들었습니다. '내가 최선을 다하지 않으면 뒤처지는 사람일까? 그래서 구원받을 자격조차 없는 존재가

되는 것일까?'

예수님의 탄생도 이렇게 시작되었습니다. 누군가의 노력이나 성과 때문이 아닌, 그저 마리아이기에 시작된 일이었습니다. 그러다 깨달았습니다. 하느님은 우리가 애쓰지 않아도, 완벽하지 않아도 사랑하신다는 것을, 나처럼 부족하고 하찮게 느껴지는 존재, 실패에 무너지고 자존감이 낮은 인간에게도 기회를 주신다는 것을 말입니다.

하느님은 우리의 응답이나 자유의지를 강요하지 않으십니다. 그분이 나를 선택하신 것은 내가 뛰어 나서가 아닌, 내가 나이기 때문입니다. 재빨리 응답하거나 맹목적인 순종을 할 것 같아서가 아닌, 그저 나라서 부르신 것입니다.

예수님의 탄생도 이렇게 시작되었습니다. 누군가의 노력이나 성과 때문이 아닌, 그저 마리아이기에 시작된 일이었습니다.

우리는 얼마나 자주 결심하고 또 무너지나요? 다시는 하지 않겠다는 기도를 수없이 드리면서도 또 다시 넘어지고 좌절합니다. 그럴때마다 스스로를 책망합니다. '나는 기도 하나 제대로 지키지 못하는 못난 존재구나.' 하지만 하느님은 그런 우리를 부르시며 말씀하십니다. '나에게는 불가능한 일이 없다.'

이제는 자책하며 나락에 빠지지 말고 하느님을 믿어야 합니다. 우리를 결코 버리지 않으시는 하느님을 신뢰해야 합니다. 최선을 다하고 나머지를 맡기는 것이 아니라, 처음부터 모든 것을 그분께 맡기는 것입니다. 실패해도 좌절하지 않고, 불가능이 없으신 그분께서 이끌어주시리라 믿는 것입니다.

"이 몸은 주님의 종입니다." 좋은 주인에게 모든 것을 맡깁니다. 좋은 주인이 이끄시는 대로 따르면 됩니다. 그저 말씀대로 이루어지기를 바라며 믿으면 됩니다.

2022년 11월 10일

성모님의 방문과 우리의 희망
* 이스라엘 아인카렘 성모님 방문 성당

우리는 가브리엘 천사의 방문으로 예수님을 잉태한 성모님께서, 하느님 섭리 안에서 세례자 요한을 잉태한 엘리사벳을 방문한 역사적인 사건의 장소 위에 세워진 성당에서 이 미사를 봉헌하고 있습니다.

성모님의 엘리사벳 방문은 깊은 의미를 지닌 역사적 사건입니다. 엘리사벳은 구세주를 기다리는 전 인류를, 성모님은 예수님을 품고 구원을 전하는 교회를 상징하기 때문입니다. 더불어 이 만남은 예수님과 세례자 요한의 첫 만남이기도 했습니다.

2000년 전의 성스러운 순간으로 돌아가 봅시다. 한 노인이 집안에 앉아있습니다. 세월의 흔적이 깃든 얼굴이지만, 평화로움이 느껴집니다. 그토록 바라던 아이를 6개월 전에 잉태했기 때문입니다.

젊은 시절의 엘리사벳은 주님과 가족의 축복 속에서 사제 즈카르야와 혼인했습니다. 둘은 사랑으로 맺어져 아이를 낳고 행복한

가정을 이루길 소망했습니다. 하지만 시간이 흘러도 아이는 생기지 않았습니다. 남편은 괜찮다며 위로했지만, 엘리사벳은 사람들이 자신을 아이 낳지 못하는 여인이라 수군거리는 것만 같았습니다. 아이 가진 부모를 볼 때마다 부러웠고, 간절히 아이를 원했습니다. 하느님께 눈물로 기도했고, 사제인 남편이 예루살렘 성전에 갈 때마다 자신의 간절한 지향을 전해달라 부탁했습니다.

하지만 시간이 흐를수록 하느님의 응답은 없는 듯 했습니다. 머리카락은 하얗게 변하고 주름은 깊어갔습니다. 아이에 대한 희망은 인간적으로 불가능해 보였지만, 그녀에게는 또 다른 희망이 있었습니다. 바로 구세주의 오심이었습니다.

이스라엘의 구원자를 기다리며 엘리사벳은 기도했습니다. 노년에 이른 부부에게 하느님의 선물은 뜻밖에 찾아왔습니다. 오랜 꿈이 이루어진 것입니다. 그녀의 마음은 기쁨으로 가득찼고, 주위 사람들도 함께 기뻐하며 놀라워했습니다. 그리고 임신 6개월이 된 이 날, 구세주의 어머니가 방문합니다.

이런 놀라운 일이 어찌 있을 수 있을까요? 아이를 가진 기쁨보다도, 구세주 강생의 소식을 듣게 된 것이 엘리사벳에게는 더 큰 기쁨이었습니다. 태중의 아기도 함께 기뻐 뛰놀았습니다.

오늘날의 엘리사벳은 바로 우리입니다. 우리의 처지가 엘리사벳과 다르지 않기 때문입니다. 우리도 구세주를 만나길 희망하고 예수님과의 일치를 갈망합니다. 우리 역시 세상 속에서 수많은 어려움을 겪으며, 뜻대로 되지 않는 일들을 마주합니다.

때로는 우리의 부족함 때문이기도 하지만, 선한 일조차도 하느님께서 응답하지 않으시는 듯할 때도 있습니다. 하지만 하느님이 멀게만 느껴지고, 우리가 아무 것도 아닌 것처럼 여겨지는 그런 상황 속에서도 하느님께서는 여전히 우리 안에서 활동하시며 우리를 방문하고 계십니다.

우리가 하느님을 직접 뵐 수 있는 기회는 많지 않아 보입니다. 그러나 우리는 교회와 성직자, 수도자, 교우들을 통해 하느님의 음성을 듣고 그분의 모습을 봅니다. 하느님께서는 직접적으로 모습을 드러내지는 않으시지만, 우리 곁에서 늘 함께 하고 계십니다.

우리는 오늘을 살아가는 엘리사벳입니다. 엘리사벳처럼 희망 안에서 살아간다면, 우리는 우리의 희망을 넘어서는 완전한 희망이신 예수 그리스도를 만날 수 있을 것이며, 지금의 행복과는 비교할 수 없는 행복을 누리게 될 것입니다. 성모님의 방문으로 엘리사벳의 기쁨이 배가 되었듯이, 여러분이 삶 속에서 만나는 만남들이 하느님을 통해 더욱 풍성해지고 기쁨이 커지기를 진심으로 기원합니다. 이 거룩한 만남의 장소에서 여러분을 기억하고 함께 기도하겠습니다.

우리의 만남을 이끌어주신 하느님께 감사드리며, 이 만남이 예수님께로 가는 훌륭한 길이 되도록 함께 기도하면 좋겠습니다.

2022년 11월 9일

새로운 탄생, 새로운 희망
* 이스라엘 베들레헴 예수 탄생 기념 성당

"메리크리스마스!"

일 년 내내 탄생을 기념하는 이 성당에서 미사를 어떻게 시작할까 며칠 고민하다가 이렇게 시작합니다. 탄생은 시작입니다. 성지 순례를 오면서 저는 새로 태어나는 제 모습을 생각했습니다.

묵상 중에 떠올랐습니다. 다시 태어난다면 어떨까? 지금의 삶을 후회하면서 다시 살아갈 자신이 있을까? 지금처럼 부딪히고 무너지고 쓰러지면서, 또 다시 후회하며 새로운 탄생을 꿈꿀까? 예수님은 어떠셨을까? 그분도 후회하고 무너지고 쓰러질 때면 '왜 이곳에 태어나 이런 고생을 하나' 생각하셨을까?

당시 로마 제국의 식민지 나라에서 태어나지 않았더라면, 목수 아버지의 고된 일을 물려받는 하층민으로 태어나지 않았더라면, 처녀의 자식이라 손가락질 받는 삶이 아니었더라면, 헤로데 치하에서 태어나면서 죽을 고비를 겪지 않았더라면... 그러나 그분은 이러한 삶을 받아들이고 태어나셨습니다. 을 중의 을이며 흙수저 중의 흙수저로, 어느 것 하나 기대할 수 없는 부모와 나라와 시기에 태어나셨습니다.

그럼에도 우리는 그분의 탄생을 축하합니다. 우리와 크게 다르지 않은 삶을 사셨기에, 우리는 그분과 공감하고 함께 아파하고 슬퍼할 수 있으며, 그렇기에 그분과 함께 할 수 있는 것입니다.

그분이 세상에 오셨습니다. 말씀이 아닌, 우리 눈에 보이는 하느님으로 오셨습니다. 위엄이나 권력을 지니거나 불호령을 내리는 존재가 아닌, 우리의 도움과 사랑, 보호가 필요한 분으로 태어나 우리가 다가갈 만한 분으로 오셨습니다. 말씀이 사람이 되시어 우리 가운데 사신 것입니다.

이 구유에서처럼 누군가의 양식이 되어 몸이 되고 빵이 되신 분으로 오셨습니다. 하느님이 위에서 내려다보시는 분이 아닌, 우리 가운데 함께 하시는 분으로 오신 것입니다. 그분을 만나려 몇 시간을 날아 며칠을 걸려 이곳에 왔습니다. 그분이 우리와 다르지 않다는 것을 확인하고, 우리도 희망이 될 수 있다는 것을 깨닫기 위해 온 것입니다. 그래서 그분은 복음이 되신 것입니다. 기쁜 소식이 되어 우리에게 기쁨이 되신 것입니다. 마치 아이가 부모에게 태어나 기쁨이 되고 자랑이 되고 대화가 되고 희망이 되는 것처럼, 그런 분으로 오셨기에 우리는 희망을 되찾는 것입니다.

매일 흔들리고, 매일이 후회로 쌓입니다. 그러나 그 가운데 예수님이 계시기에 희망을 되찾습니다. 그 가운데 아기 예수님이 계시기에 다시 기쁨을 만듭니다. 그 가운데 예수님이 함께하시기에 우리는 서로에게 말씀이 되는 것입니다.

이제 예수님과 함께 순례의 첫걸음을 걷습니다. 그 걸음이 기쁨이 되고 희망이 되고 서로에게 건네는 인사가 되는 순례가 되길 기도합니다.

2022년 11월 9일

일상의 기적
* 이스라엘 카나 혼인잔치 기념 성당

요한복음 2장에서 예수님은 카나의 혼인잔치에 참석합니다. 당시 이스라엘 전통에 따르면 성인이 되면 부모를 떠나 독립해야 했는데, 예수님이 어머니와 함께 잔치에 참석한 것을 보면 아직 독립 전이거나 아버지를 대신해 참석했을 것으로 보입니다. 더욱이 어머니 마리아의 적극적인 개입을 보면, 이들과 가까운 친척이었음을 짐작할 수 있습니다.

성모님은 술이 떨어졌다는 사실을 알고 아들에게 도움을 청합니다. 다른 방법을 찾기보다, 어릴적부터 지켜본 아들이 무언가 해결해 주리라 믿었던 것입니다. 여기서 예수님의 반응이 의미심장합니다. 아직 그의 때가 아니었음에도 불구하고, 어머니의 믿음에 응답하셨습니다. 이 첫 기적은 단순한 능력의 과시가 아닌, 결혼생활에 대한 축복의 의미를 담고 있습니다.

우리는 종종 하느님과 흥정을 하려 합니다. "이렇게 해주시면 저는 이렇게 하겠습니다." 기도가 이뤄지지 않으면 내 노력이 부족해서라고 자책하기도 합니다. 하지만 성모님의 기도는 달랐습니다. 자신의 이익을 구하지 않고, 단지 혼인잔치의 축복이 이어지기를 바라는 순수한 마음이었습니다.

때로 우리의 기도를 하느님께서 응답하지 않을때 하느님을 원망합니다. 하지만 하느님을 우리의 소망을 이뤄주는 도구처럼 여긴다면, 그것은 진정한 신앙이라 할 수 없습니다. 하느님은 우리가 생각하는 것보다 크고 깊은 계획을 가지고 계십니다.

결혼의 축복은 하느님이 인류에게 주신 최초의 선물입니다. 이는 하느님 나라의 모습을 보여줍니다. 사랑이 만든 공동체이자 그 열매이기 때문입니다. 우리의 가정은 하느님이 주신 선물입니다. 하지만 때로 우리는 지나친 요구로 사랑을 집착으로 변질시킵니다. 가정은 풍성해야 하지만, 모든 것이 과하면 오히려 해가 됩니다.

예수님은 넘치지 않되 가장 좋은 포도주를 만들어 주셨습니다. 이는 우리에게 중요한 교훈을 줍니다. 내 자녀들에게, 내 남편에게, 내 아내에게 과하게 요구하며 때를 잃고 있지 않은지 되돌아보아야 합니다.

진정한 기도는 나 자신에게서부터 시작되어야 합니다. 내가 건강해야 다른 이들도 건강하게 바라 볼 수 있습니다. 예수님도 공생활 전 광야에서 시간을 보내셨고, 첫 기적 전에 제자들과 대화하며 자신을 돌아보셨습니다.

우리 각자가 기적을 만들어냅니다. 매일의 삶이 기적입니다. 이것이 카나의 혼인잔치가 우리에게 전하는 깊은 메시지입니다. 내가 기적을 만들어냅니다. 매일이 기적입니다.

2022년 11월 10일

행복은 지금, 여기에서
* 이스라엘 갈릴래아 호숫가 참행복선언 기념 성당   ✝

군중들 앞에서 예수님은 역설적인 가르침을 시작하십니다. 가난에 허덕이고, 세리들에게 수탈 당하며, 바리사이들에게 멸시받고, 로마 병사들의 위협 아래 살아가는 이들에게 "행복하다"라고 말씀하십니다. 뜨거운 태양과 추위에 시달리면서도 제대로 된 의식주조차 없는 사람들에게 "행복하다" 하십니다.

우리는 언제 진정으로 행복했을까요? 현재가 과거보다 나으면 지금이 행복하다 하고, 과거가 더 좋았다면 그때를 그리워합니다. 하지만 정말 많이 소유하고, 많은 권력을 가지고, 유명해지면 행복할까요? 그렇다면 왜 부유한 사람들 중에도 불행에 빠지고 극단적 선택을 하는 이들이 있을까요?

자녀를 위해 처음엔 "건강하게만 자라다오." 라고 기도했는데, 어느새 아이를 위해 행복과는 거리가 먼 것들을 요구하게 됩니다. 현재의 행복을 미루며 "지금은 고생해도 나중에 행복할 거야." 라고 말합니다. 하지만 그렇게 미뤄둔 행복은 과연 언제 찾아올까요?

저는 서른 살에 신학교 졸업을 앞두고 '신부가 되면 행복하겠지'. 마흔에는 '교수신부가 되어 연구만 하면 행복하겠지', 쉰살에는 '학교만 나오면 행복하겠지' 생각했습니다. 현재의 행복을 놓친채 늘 미래의 행복만을 꿈꾸었습니다. 매 순간의 기쁨을 누리지 못하고, 남들과 비교하면서 제 행복이 초라하게 느껴졌습니다. 작고 보잘것없어 보여서 불행하다고 생각했습니다.

그러나 진정한 행복은 소유나 학식, 명성과 무관합니다. 하느님 보시기에 합당하게 살아갈 때 찾아오는 것입니다. 내가 가진 것을 부끄러워하고, 혼자만 독차지 하려 할 때 불행이 찾아옵니다. 덜 소유하고, 덜 드러내고, 덜 욕심내면 행복해질 수 있는데, 우리는 자꾸 반대 방향으로 가면서 행복을 찾으려 합니다. 예수님은 마음이 깨끗하고, 정의를 실천하며, 옳은 일을 하다 박해받는 이들이 행복하다 하십니다.

우리는 종종 행복을 추구한다며 불행한 선택을 합니다. 한번 쉬운길을 택하면 그것을 놓치지 않으려다 계속해서 잘못된 선택을 하게 됩니다. 눈 앞의 이익에 사로잡혀 불행으로 향하고 있지는 않은지 돌아보아야 합니다.

예수님께서 말씀하신 참 행복은 율법에 대한 새로운 시각을 제시합니다. 우리의 신앙이 단순히 '해야 할 일들'의 목록이 되어 버리고, 일상이 의무와 책임으로만 가득차 있다면 그것은 불행의 씨앗이 됩니다. 율법은 하느님께 나아가는 길이어야 하는데, 그것에 얽매이면 오히려 불행해집니다. 하느님과의 만남에 집중해야 할 우리가 다른 것들에 정신을 빼앗기면 참된 행복을 놓치게 됩니다.

지금 이순간, 우리는 진정으로 행복합니까? 하느님 안에서 참된 행복을 찾고 계신가요?

2022년 11월 12일

막달라 마리아, 복음의 첫 증인
* 이스라엘 막달라 성녀 마리아 막달레나 기념 성당

막달라 마리아는 복음에서 일곱 마귀가 떨어져 나간 여인으로 등장합니다. 이름의 의미는 그리스어로 '막다라 마을 출신 마리아"를 뜻합니다. 그녀는 예수님의 제자 무리에 속해 십자가 아래 함께 있었고, 무덤 밖 동산에서 부활하신 예수님을 만난 첫 증인이었습니다. 대 그레고리오는 그녀를 '하느님의 첫 증인' 이라 불렀고, 토마스 아퀴나스는 '사도들의 사도'라 칭했습니다.

오늘날 막달라 마리아의 삶을 통해 우리는 우리 사회와 교회의 현실을 성찰하게 됩니다. 세상은 차별과 불평등을 없애기 위해 변화를 추구하고 있습니다. 학교에서 체벌은 금지되었고, 장애인에 대한 차별과 언어폭력도 신중하게 다루어집니다. 여성의 권리도 점차 신장되고 있지만, 여전히 교제하던 남성의 폭력으로 생명을 잃거나, 가정 폭력에 시달리는 여성들이 많습니다. 현실은 아직도 이상과 멀고, 약자에 대한 배려는 부족하기만 합니다.

복음은 힘과 지식, 지위로 전해지는 것이 아닙니다. 우리는 때때로 "나는 힘이 없어서, 지식이 부족해서, 나이가 어려서, 또는 늙어서" 복음을 전하지 못한다고 변명합니다. 그러나 막달라 마리아는 이러한 변명을 허락하지 않습니다. 오히려 그녀는 우리에게 약자라면 약자답게, 낮은 곳에 있다면 그곳에서 부활의 첫 증인이 되라고 말합니다.

복음의 첫 증인인 막달라 마리아는 자기의 모든 것을 다해 예수님을 따랐던 사도입니다. 공포와 두려움을 뚫고 예수님의 무덤을 처음 찾아간 사람은 베드로나 그가 사랑하던 제자 요한이 아니라 예수님을 따라 갈릴래아에서 예루살렘까지 온 막달라 마리아였습니다. 교회는 그동안 마리아의 존재를 잊고 있었습니다. 그만큼 교회 안에서 여성의 지위를 등한시했기 때문이기도 합니다. 하지만 그녀의 이야기는 단순히 여성의 위상을 강조하기 위한 것이 아닙니다. 복음의 핵심은 사랑과 연대이며, 그것은 힘없고 보잘 것 없는 이들 속에서 실현 될 때 진정한 빛을 발합니다.

우리는 여전히 여성, 장애인, 외국인, 노인, 어린이를 차별하는 사회에 살고 있습니다. 그러나 우리 역시 이러한 약자일 수 있음을 잊지 않아야 합니다. 우리 역시 막달라 마리아처럼 부활의 증인이 되어, 복음의 빛을 비추며 세상의 빛과 소금으로 살아갑시다.

지금 이순간, 우리가 어디에 있든, 어떤 모습이든, 복음의 첫 사도가 될 수 있습니다. 막달라 마리아의 헌신을 기억하며 복음을 삶으로 전하는 우리가 되기를 다짐합시다.

2022년 11월 12일

타볼산에서 묻는 신앙의 중심

* 이스라엘 타볼산 주님의 거룩한 변모 기념 성당

    순례라 하기에는 기도가 부족하고 여행이라고 하기에는 마음이 묵직한 며칠을 보내고 있습니다. 이스라엘에 와서 지금껏 몰랐던 것을 새롭게 보고, 깨닫는 중입니다. 혼자였다면 결코 경험하지 못했을 것들을 함께하니, 더욱 깊이 체험하게 됩니다. 특히 타볼산에서 드리는 미사는 제게 각별한 울림을 줍니다.

    이즈르엘 평야의 아름다움과 함께, 예수님이 제자들과 타볼산을 오르실 당시를 상상해보았습니다. 예수님께서 이 높은 산을 오를 때 제자들에게 무엇이라 말씀하셨을까요? 예수님이 이 산을 오르셨을 때, 제자들은 어땠을까요? 아마도 불평을 늘어놓았을 것입니다. "이 높은 곳까지 우리를 왜 데리고 오시나?"하며 투덜댔을지도 모릅니다. 그러나 예수님께 이 여정은 단순한 등정이 아니었습니다. 예루살렘으로 가는 길, 곧 죽음을 향한 길을 준비하는 과정이었습니다. 그리고 그 산에서 예수님은 모세와 엘리야를 만납니다. 이는 단순히 성경 속 영웅을 만나는 것이 아니라, 자신이 걸어야 할 길이 죽음을 걸 만한 가치가 있는지 결의를 다지는 자리였습니다.

제자들은 그런 영웅들을 만나 기뻤고, 아마도 그 순간을 잊지 못했을 것입니다. 베드로가 초막 셋을 짓겠다고 나선 것도 그 감격에서 비롯되었을 것입니다. 그러나 예수님께서는 초막보다 더 중요한 결단이 있었습니다. 타볼산의 만남은 단순히 거룩한 변모가 아니라, 거룩한 결의를 다지는 순간이었습니다.

타볼산은 '배꼽'이라는 뜻을 가진 말에서 유래했다고 합니다. 이곳에서 예수님은 자신의 신앙 여정에서 가장 핵심적인 일을 하려는 것입니다. 가장 중심이 되는 일을 하려고 이 자리에 온 것이지요. 세상의 중심이 타볼산이라면 우주의 중심인 골고타를 향하기 위해서 자기 길을 가기 위해 이 산에 오른 것입니다. 세상의 중심을 위해 사는 것도 힘든데 우주의 중심을 위해 자신을 바치는 삶은 어떤 것일까요?

우리 신앙의 중심은 어디에 있습니까? 예루살렘의 부활입니까? 베들레헴의 탄생입니까? 나자렛에서의 부르심입니까? 광야에서의 유혹입니까? 요르단강에서의 시작입니까? 갈릴레아에서의 활동입니까?

우리는 지금 타볼산에 있습니다. 이 장엄한 순간이 나를 변화시키고, 믿음을 더욱 깊게 만드는 계기가 되길 바랍니다.

2022년 11월 13일

희망과 인내의 메시지
* 이스라엘 예루살렘 성 안나 성당

✝

성녀 안나 성당은 성모 마리아의 탄생과 관련된 특별한 장소로, 성녀 안나와 요아킴 부부의 믿음과 인내를 기념합니다. 이 성당은 벳자타 연못 근처에 위치하며, 성모님을 낳으신 성스러운 집터로 추정됩니다. 초기에는 마리아 탄생 성당으로 불렸으나, 현대에 이르러 성녀 안나 성당으로 불리며, 여전히 매년 9월 8일 성모님 탄생 축일을 성대하게 거행하고 있습니다.

안나와 요아킴 부부는 결혼한 지 20여 년이 지나도 아이가 없었다고 합니다. 그로 인하여 요아킴은 성전에서 사제들에게 모욕당하기도 하였고, 안나 또한 많은 맘고생을 하였습니다. 요아킴은 광야에서 40일간 기도하며 하느님의 은총을 구했고, 안나 역시 집에서 기도하다 천사를 통해 희망의 소식을 들었습니다. 마침내 그들은 한 아기, 복되신 성모 마리아를 품에 안게 되었고, 그 아기를 주님께 봉헌하며 하느님께 서원을 지켰습니다. 교회는 11월 21일을 복되신 동정 마리아의 자헌 기념일로 지내고 있습니다.

성녀 안나 성당 옆 벳자타 연못은 또 다른 희망의 이야기를 담고 있습니다. 벳자타 연못은 키드론 골짜기에서 흘러내리는 빗물을 보관하며 성전에 물을 공급했던 곳입니다. 기원전 150년 전부터 의학적 치유와 종교적인 목적으로 건설되었다고 합니다. 38년 동안 병으로 고통받던 한 사람이 예수님의 "낫기를 원하느냐?"는 말씀으로 치유된 바로 그 장소입니다. 이 연못은 치유의 장소이기도 하지만 기다림 끝에 찾아오는 은총과 희망을 상징하기도 합니다.

이 자리에서 우리는 무엇을 느낄 수 있을까요? 저는 희망을 봅니다. 요아킴과 안나 부부, 그리고 병자는 모두 긴 고통과 절망의 시간을 인내하며 하느님께 간구했습니다. 그리고 그 기다림은 결코 헛되지 않았습니다. 마침내, 한 아기, 구세주의 어머니가 되실 위대한 아기를 받아든 요아킴과 안나 부부는 저에게 참고 인내하라고 말하는 듯합니다.

우리의 어려움과 고통이 크더라도, 이들보다 더 크다고 할 수 있을까요? 고통은 인내를 낳고, 인내는 끈기를 낳으며, 끈기는 마침내 희망으로 이어진다는 것을 우리는 믿습니다.

희망합시다. 그리고 그 희망을 위해 고통도 인내합시다. 끈기로 기다립시다. 기도하는 것을 멈추지 맙시다. 그러면 우리는 우리를 사랑하시는 주님의 자비로움 안에서 우리가 기다리고 기다리던 희망을 얻을 것입니다.

2022년 11월 16일

지금 여기에 머물며 살아가기
* 이스라엘 예루살렘 주님 눈물 성당

도미누스 플래빗 주님 눈물성당에서 바라보는 예루살렘의 경관이 참 아름답습니다. 황금 돔과 예루살렘 구시가가 한눈에 들어오는 이 장관은 마치 한시대의 영광을 상징하는 듯 합니다. 그러나 예수님께서 이곳에서 바라보신 예루살렘은 어땠을까요? 우리가 보는 황금 돔 자리는 당시 헤로데 성전이 있었던 곳으로, 웅장함과 화려함으로 첫눈에 사람들을 사로잡았을 것입니다. 당시 예루살렘에 처음 오는 사람은 여기서 성전만 봐도 입을 다물지 못했을 것입니다. 그러나 예수님은 다른 시선으로 예루살렘을 보셨습니다.

루카복음에서 두 차례나 등장하는 예수님의 탄식은 마음을 울립니다.

"예루살렘아, 예루살렘아! 예언자들을 죽이고 자기에게 파견된 이들에게 돌을 던져 죽이기까지 하는 너! 암탉이 제 병아리들을 날개 밑으로 모으듯, 내가 몇 번이나 너의 자녀들을 모으려고 하였던가?" (루카 13,34)

요 몇 년 동안 거울 보는 것이 싫었습니다. 얼굴에 늘어가는 주름과 흰머리, 지친 눈매와 탄력을 잃은 피부를 마주하며 늙어가는 제 자신을 받아들이기가 쉽지 않았습니다. 현재를 있는 그대로 받아들이지 못했기 때문입니다. 현재를 받아들이지 못하면 현재를 제대로 살 수 없습니다. 예루살렘 역시 자신의 화려함에 매몰되어 진정한 현실을 보지 못하고 있었습니다.

예수님은 끊임없이 지금 여기를 보라고 하십니다. 회개란 지나간 과거를 되돌아 보는 것이 아니라, 지금 내가 걷고 있는 길이 올바른지 점검하고 바로잡는 것입니다. 주님이 예루살렘을 보며 흘리신 눈물은 단지 그 성읍을 위한 것이 아닙니다. 우리의 삶, 우리가 밟고 있는 이 땅, 우리의 현실을 향한 탄식이기도 합니다.

우리는 때로 자신이 원하는 일을 뒤로 미루고, 현재를 불안과 후회 속에서 보내며 내일만을 기대합니다. 또는 남을 위해 살아가며 정작 자신을 잊고, 나중에 하느님께 보상을 받을 거라며 모든 것을 참고 견디지만, 문득 공허함과 허무함에 빠지기도 합니다. 그러나 예수님의 눈물은 지금 여기를 살아가라는 외침입니다. 현재를 진심으로 살고 있느냐고 묻는 주님의 질문이기도 합니다.

순례길에서 저는 많은 깨달음을 얻었습니다. 기도하고 묵상하며 현재를 살겠다고 했지만, 현실은 미사와 일정에 쫓기며 허둥지둥 다녔습니다. 그러나 이 모든 것이 바로 순례의 일부분이라는 것을 깨닫습니다. 지금 걷고, 기도하고, 바라보고, 느끼는 매일의 삶

자체가 순례길이었습니다.

예수님께서 예루살렘을 바라보며 흘리신 눈물과 탄식은 우리 각자에게 주시는 말씀입니다. 매일 멍하게 보내거나 뜻 없이 보내거나 정신없이 보내면서 내가 아닌 무엇으로 살아가고 있지는 않나요? 내가 사는 것이 아니라 남을 위해 살다가 갑자기 공허하고 멍하고 헛되다 생각하지는 않는지요? 우리의 삶을 되돌아봅시다. 매일의 순간을 헛되이 보내지 않고, 지금 여기에 머물며 하느님 뜻 안에서 살아가고 있는지 스스로 묻고 성찰합시다.

"주님의 탄식이 나를 깨우는 소리로 들리게 하소서."

지금 여기를 온전히 살아가며, 주님과 함께 매일의 순례길을 걸어갑시다.

2022년 11월 17일

현실과 믿음 사이에서의 결단
* 이스라엘 겟세마니 주님 고난의 성당

가리옷 사람 유다는 제자들 중 유일하게 세상의 이치를 잘 알았던 인물이었을 것입니다. 셈을 하고 전대를 맡을 정도로 현실감각이 뛰어났고, 어부나 세리처럼 단순히 한 분야에만 몰두한 이와는 달랐습니다. 유다는 세상 사람들의 이야기를 듣고 훈수를 두거나 맞장구를 칠만큼 세상 이야기를 잘 알고 그만큼 세상 사람들과 가까웠습니다. 그래서 그는 고민했을 것입니다. 예수님인가? 아니면 현실인가?

유다는 결국 예수님께 더 이상 희망이 없다고 여겼을 것입니다. 일제 강점기 시절에도 머리 좋은 사람, 많이 배운 사람, 그리고 권력을 가졌던 사람 아니면 권력 옆에 있던 사람이 제일 먼저 친일을 했습니다. 셈이 빠른 사람들이 생각하기에 일본은 중국은 물론 러시아도 물리쳤고, 저 멀리 필리핀, 인도네시아, 대만도 자기 땅으로 만들었을 뿐 아니라 거대한 미국의 땅도 폭격했으니 일본이 이길 것으로 생각했습니다. 독립운동은 계란으로 바위 치기였겠지요. 그래서 결정했습니다. 권력 앞에서 고개를 숙이며, 가족과 자신의 안위를 위해 타협을 선택했던 많은 사람들처럼, 유다도 그렇게 자신을 설득했을 것입니다.

그러나 세상에는 현실에 타협하지 않고 순수함을 지키는 사람이 필요합니다. 우리가 이스라엘에 온 이유도 그 순수함을 체험하기 위해서입니다. 유다처럼 현실에 지친 내 삶을 되돌아보고, 믿음을 가슴으로 느끼기 위해서 말입니다.

이 곳은 유다가 예수님을 배반한 자리입니다. 겟세마니 동산은 주님께서 가장 고뇌에 찬 밤을 보내신 장소이며, 제자들에게 "깨어 기도하라."고 요청했던 자리입니다. 그러나 제자들은 잠에 빠져 깨어 있지 못했고, 결국 유다는 군인들을 이끌고 와 주님을 배반했습니다. 현실에 묶여 주님의 부탁을 외면한 제자들처럼, 우리도 종종 그렇게 흔들리고 무너집니다.

그럼에도 불구하고 부활하신 주님은 제자들을 찾아오셨습니다. 그들의 실패와 연약함을 탓하지 않으시고 다시 그들을 일으키셨습니다. 겟세마니는 단지 유다가 예수님을 배반한 장소가 아니라, 주님의 사랑과 용서가 시작되는 자리이기도 합니다.

오늘 이 자리에서 저는 비참하게 무너졌던 과거를 되돌아봅니다. 주님의 사랑은 제가 흔들리고 비뚤어진 길을 걸어도 저를 깨우고 다시 일으켜 세우십니다. 이 밤, 이 순간, 주님께서는 우리를 다시 제자리로 이끄실 것입니다. 제 믿음이 흔들려도, 주님께서 저를 찾아오시리라는 확신을 체험하며, 다시금 새로운 결단을 다짐합니다.

2022년 11월 15일

함께 걸어가는 주님의 수난 길
* 이스라엘 예루살렘 주님 채찍 성당

예수님께서는 자신의 수난을 예고하셨습니다. 참하느님이시며 참사람이신 예수님은 모든 것을 아셨지만, 인간이기에 그 고통이 얼마나 큰지 상상하지 못했을 것입니다. 베드로의 배신도, 유다의 고발도 알고 계셨지만 상대방의 마음을 더 상하게 하지 않으려 독하게 말씀하시지 못했나 봅니다. 그래서 겟세마니에서 홀로 깊은 고뇌와 외로움의 밤을 보내셨습니다.

갈릴레아에서 하느님 나라를 선포하며 사람들에게 라뿌니라 불리던 예수님은 종교지도자들과 로마의 권력자들에게 미움을 받으며, 결국 대중의 열광을 잠재우기 위한 빌라도의 처형 판결을 받으셨습니다. 그러나 그분의 수난은 단지 십자가의 길에서 시작된 것이 아닙니다. 예수님의 삶 자체가 고난의 연속이었습니다.

우리의 부족함과 허물 속에서 예수님을 떠올립니다. 완벽해야 한다 생각하면서 부끄러움과 창피함을 가리기 위해 노력을 다하는 나에게, 그래서 아무것도 아닌 것을 숨기다가 들통나서 다시 덮기 위해서 애쓰는 나에게, 모르는 것이 없어야 하는 나에게, 남 앞에 초라해진 나에게, 잘못을 숨기려고 남 탓만 해대는 나에게, 남을 흉보고 비웃고 저주하는 나에게 예수님이 발가벗겨져서 나타납니다. 침 뱉음을 당하고 조롱당하고 욕설을 당합니다. 모두가 손가락질하고, 믿었던 사람들이 떠납니다. 넘어져도 아무도 도와주지 않는 상황에서도 그분은 묵묵히 십자가를 지고 가셨습니다. 그냥 올라가도 숨이 가쁜데 자기 키보다 더 큰 십자가를 지고 가야 합니다. 남들이 다 쳐다보는 길거리에서 예수님은 십자가를 지고 올라갑니다. 밤새 잠을 못 자서 피곤한데 제대로 식사도 못 해 기력이 없습니다. 점점 숨이 가빠지고 어깨는 짓눌려옵니다.

    예수님은 우리보다 더 낮은 곳, 더 어둡고 음침한 곳으로 내려가셨습니다. 세상의 가장 깊은 나락에 이르러, 그곳에서조차 하느님의 사랑과 부활의 희망을 전하시려 했습니다. "너희를 그곳에 내버려 두지 않으신다."는 그분의 메시지는 우리가 절망과 고통 속에서도 희망을 갖게 합니다.

    주님의 고통은 우리의 아픔을 대신 짊어진 것이며, 우리의 모든 부끄러움과 고난을 함께 아파하시는 위로입니다. 예수님을 바라보면, 그가 제일 불쌍해 보입니다. 이런저런 힘든 사연을 겪고 있는 사람들이 봐도 예수님이 가엾어 보입니다. 그러나 그분의 수난은 우리의 부활을 준비하는 과정입니다.

예수님은 우리와 함께 아파하시고, 고통 속에서도 아버지의 뜻을 따르셨습니다. 그리고 그 고통의 끝에서 부활을 통해 우리를 이끌어주실 것입니다. 주님의 손길은 우리의 마음을 다독이며, 그분의 길을 함께 걷게 합니다.

함께 갑시다. 이길을

우리의 고난과 함께하시는 예수님과 더불어, 주님의 길을 함께 걸어가며 부활의 희망을 품읍시다.

2022년 11월 16일

바른 눈과 마음으로 걷는 순례의 길

* 이스라엘 예루살렘 Ecce homo

예수님의 재판은 총 네 차례에 걸쳐 이루어졌습니다. 제일 먼저 가야파 등 종교 지도자들이 심판합니다. 그리고 그를 종교 범죄자로 여겨 하룻밤 가야파의 집에 머무르게 합니다. 그다음 최고의회에 끌려가 또다시 재판을 받고 이번에는 유대인의 범죄자가 되어 빌라도 앞에 서게 되고 자칭 유다인의 왕이라는 죄목으로 쿠테타 역정 모의 세력이 됩니다. 마지막으로 헤로데 앞에서 형식적인 재판을 받고, 마침내 군중과 지도자, 로마와 지역 권력자들 모두의 동의 속에서 처형되었습니다. 모든 절차는 법적 과정을 따랐지만, 그 과정에서 예수님을 죄가 없다고 옹호하는 이는 없었습니다. 법은 힘없는 자들에게 무자비했고, 예수님의 길고도 처참한 재판은 그 사실을 적나라하게 보여줍니다.

우리는 때때로 자신도 모르게 누군가를 죄인으로 몰아가는 마녀사냥을 하거나, 억울한 상황에 놓인 가족과 이웃을 지켜보기도 합니다. 오래 전 본 프랑스 영화가 떠오릅니다. 장애를 가진 남자가 있었습니다. 범죄는 어느 권력을 가진 자가 일으켰습니다. 모두가 누구의 죄인지 알지만 아무도 그 범죄를 밝히겠다고 용기 있게 말하지 못했습니다. 심지어 판사나 검사도 알고 있었지만 후환이 두려워 모두 범죄를 모른척했습니다. 법정에서 마지막 진술을 할 즈음 한 아이가 판사에게 1프랑짜리 동전을 가져다주었습니다. 거기에는 자유, 평등, 박애라고 적혀 있었지요. 판사는 그제야 정신을 차리고 제대로 재판한다는 내용이었습니다. 그런데 그것은 영화 속의 이야기고 현실은 어떠합니까? 얼마나 많은 진실이 묻혀버립니까? 권력자는 법망을 피해가고, 힘없는 이는 죄를 뒤집어쓰는 일이 반복됩니다.

우리는 이런 세상 속에서 살아갑니다. 힘이 있어야 살아남는다고 믿고, 악법이라도 따르며 묵묵히 소시민으로 살아가려 합니다. 그러나 우리는 묻지 않을 수 없습니다. 예수님께 내려진 판결이 과연 올바른 것이었을까요? 모두가 동의한 판결이라도, 진실과 정의를 담고 있었을까요?

우리는 바른 눈과 마음을 가져야 합니다. 불의를 참고 견디는 것을 넘어, 바르지 않은 것을 고치려는 노력이 필요합니다. 그리고 그러한 변화는 나 자신부터 시작됩니다. 내가 먼저 바른 눈, 바른 마음, 바른 행동을 갖기 위해 성찰하고 회개해야 합니다. 나의 신앙이 빛날 수 있도록 끊임없이 자신을 갈고 닦아야 합니다.

이제 이 순례가 마무리됩니다. 성경을 다시 보고, 묵상하며, 새로운 길을 걸어가야 할 때입니다. 이번 순례가 단순히 여행이 아닌, 나를 돌아보고 신앙을 새롭게 다지는 시간이기를 기도합니다. 당당하게 우리 신앙을 자랑스러워하는 순례였기를 기도합니다.

2022년 11월 19일

베드로의 사랑과 사명의 길
* 이스라엘 갈릴래아 호수 북서쪽 베드로 수위권 성당

갈릴레아 호숫가에 자리 잡은 베드로 수위권 성당은 부활하신 예수님께서 제자들과 식사를 나누셨던 자리로 전해지는 바위 위에 세워졌습니다. 오늘 복음은 이 성당과 깊이 연결된 베드로의 이야기를 묵상하게 합니다.

수난 전, 주님을 배반하지 않겠다고 자신했던 베드로는 결국 생명의 위협 앞에서 주님을 세 번 부인했습니다. 배신의 순간은 짧았지만, 그로 인한 마음의 짐은 베드로를 오랫동안 짓눌렀을 것입니다. 부활 소식을 전해 들은 후에도, 빈 무덤을 확인하고도 그는 혼란스러운 마음을 떨칠 수 없었을 것입니다.

그리고 그날 저녁 부활하신 주님이 그들에게 다가오십니다. 베드로의 성격상 자신의 배신을 마음에 담고 살아갈 수는 없었을 겁니다. 그래서 아마도 그는 제자들에게 나타나신 주님 앞에서 제자들이 보는 앞에서 배신을 고백하고 용서를 청했을 것입니다.

요한복음에 따르면, 주님께서는 그렇게 부활 첫날 저녁 발현하시고, 그 다음 주일에 한 번 더 발현하십니다. 주님 없이 보내는 하루하루는 매일 길게 느껴집니다. 베드로는 주님을 기다리다 지쳐서 그랬는지, 아니면 다른 복음에서 묘사하고 있는 것처럼 갈릴래아에서 나를 보게 될 것이라는 부활하신 주님의 말씀 때문이었는지, 제자들과 함께 갈릴래아로 돌아와 물고기를 잡으러 떠납니다. 밤새도록 애썼지만 아무 것도 잡지 못한 그 순간, 주님께서 다가오셔서 그물을 배 오른편에 던지라고 하십니다. 그물이 가득차자, 베드로는 비로소 부활하신 주님을 알아봅니다.

그날 아침 제자들을 위해 식사를 준비하신 예수님 앞에서 베드로는 복잡한 마음을 품고 있었을 것입니다. 주님께서 자주 찾아오지 않는 이유를 궁금해했을 수도 있고, 여전히 자신이 용서받았는지 확신하지 못했을지도 모릅니다. 하지만 주님께서 다정히 아침 식사를 준비하는 모습을 보며, 그의 의심과 불안은 서서히 사라졌을 것입니다. 사랑은 죄보다 더 강하기 때문입니다.

식사 후, 예수님께서는 베드로에게 세 번 묻습니다.

"요한의 아들 시몬아, 너는 이들이 나를 사랑하는 것보다 더 나를 사랑하느냐?" 베드로는 "주님, 제가 주님을 사랑하는 줄을 주님께서 아십니다."라고 대답하며 자신의 사랑을 고백합니다. 베드로의 응답을 확인하듯이 다시 묻자, 베드로는 확신에 찬 마음으로 다시 한 번 자신의 응답을 반복합니다. 하지만 주님께서 다시 한번 더 묻자, 조금 서글퍼집니다. 이분께서 아직도 마음이 풀어지지 않으셨나 하는 생각도 들었지만, 이내 마음을 잡고 다시 응답합니다. 이에 주님께서 내 양들을 돌보라 하십니다.

예수님께서는 베드로에게 양들을 맡기기 전에 주님에 대한 사랑을 묻습니다. 하느님의 자녀로서 살아가는데, 하느님의 일을 하는데 첫 번째는 주님에 대한 사랑입니다.

어떤 사람이 마더 데레사 수녀님께 물었습니다.

"수녀님께서 하시는 일이 세상에 많이 알려져 있기는 하지만 성공적인 일은 많지 않은 것에 대해서 가끔 절망하거나 실망하신 적은 없었나요?" 수녀님은 이렇게 답하십니다. "그런 적은 결코 없었습니다. 왜냐면 주님께서는 나에게 성공의 임무가 아니라 사랑의 임무를 주셨기 때문입니다."

우리는 종종 성공에 집착하며 주변 사람들을 힘들게 하기도 합니다. 그러나 주님의 사랑은 성공보다 위대합니다. 사랑은 모든 것을 견디고, 모든 것을 믿으며, 모든 것을 덮어 줍니다. 오늘 베드로 수위권 성당에서, 주님은 우리에게도 말씀하십니다. "무엇보다 먼저 사랑하라." 이것이 주님께서 우리에게 주신 가르침입니다.

2022년 11월 13일

기적 같은 너그러움으로 살아가는 하루 ✝

* 프랑스 파리 기적의 메달 성당

    기적의 메달 성당에 왔습니다. 어릴 때도 여러 번 왔지만, 그때는 기적을 바랄 필요도 없고, 부족함도 몰랐습니다. 그러나 지금은 달라졌습니다. 부족함을 느낄수록 너그러워지고, 겸손해지는 법을 배웁니다. 하지만 열심히 해도 안 되는 일이 있습니다. 그럴 때 사람들은 이렇게 말합니다. "할 만큼 했어. 이만큼 했으면 됐어." 이것이 기적을 기다리는 마음 아닐까요? "내가 숨이 턱에 찰 만큼 노력했으니, 나머지는 주님께서 채워주실 것이다."

    진정한 기적은 내가 최선을 다하고도 부족함을 인정하며, 그 상태를 받아들이는 너그러움에 있습니다. 첫째 아이를 키울 때는 서툴러 힘들고, 엄격해지기도 합니다. 하지만 막내에게는 한없이 너그러워지지요. 마찬가지로 기적은 이런 너그러움을 우리에게 일깨웁니다. 부족함을 인정하고 나를 받아들이는 것, 바로 그것이 기적입니다.

남에 대한 미운 마음도, 남에 대한 악한 감정도 사실 그를 대하는 나의 부족 때문이었을 것입니다. 나의 부족을 인정하면 되는 것입니다. 그러니 일곱 번이 아니라 일흔일곱 번 용서하며, 매일 기적 같은 삶을 살아갑시다. 나를 나로 받아들이고, 남을 너그럽게 품으며, 매 순간 주어지는 기적에 감사하는 하루를 살아갑시다. 그것이야말로 진정한 기적입니다.

용서한다는 것은 무엇일까요? 어쩌면 너그러워지는 것이 아닐까요? 너그러워지는 것은 상대방의 행동을 있는 그대로 받아들이는 것입니다. 그 사람의 잘못을 지워버리는 것이 아니라, 그 사람을 미운 존재로 보지 않는 것이 용서가 아닐까 싶습니다.

2022년 8월 11일

어린이처럼, 매일을 여행처럼

*프랑스 리지외 성녀 소화데레사 성지

✝

리지외를 다시 찾았습니다. 소화데레사, 아기 예수의 데레사라고도 불리는 성녀. 그녀의 삶은 겸손하고 조용하지만, 다른 이를 위해 기도하고, 선교사들을 위해 헌신하며 사이가 좋지 않았던 사람에게도 다가가 봉사했던 삶이었습니다. 그녀를 따라가고 싶은 마음은 간절하지만, 현실의 고단함 속에서 "나만 손해 보는 건 아닐까?"라는 생각이 스스로를 막아섭니다. 그래서 답을 찾고자 이곳에서 기도드리고, 그녀의 삶에서 배움을 구해봅니다.

예수님은 우리에게 어린이처럼 되라고 하십니다. 어린이가 주님께 나아가는 것을 막지 말라고도 하셨지요. 소화데레사는 바로 그런 어린이와도 같았습니다. 그녀의 삶은 대단하거나 화려한 일이 없었지만, 그 작은 일상에서 거룩함으로 나아갔습니다. 아이처럼, 그저 충실하게 하루를 살아가는 삶이었습니다.

반면 우리의 삶은 어떻습니까? 리지외에서 기도하며 저는 스스로를 돌아봅니다. "나는 일상에 충실한가? 매일을 계산하고 따져보며 살아가는 것은 아닌가?"

이곳에서 기도하고 미사를 드리며 떠오르는 것은, 제가 받은 기도와 사랑입니다. 소화 데레사처럼 저를 위해 기도해주는 분들이 떠오릅니다. 제가 기억하지 못하지만, 저를 위해 기도하는 이들, 복음화를 위해 애쓰는 이들. 그 모든 이들의 기도가 제게 닿아 있다는 사실을 깨닫습니다.

기도로 세상이 갑자기 바뀌지는 않습니다. 그러나 그 기도는 우리의 마음을 연결하고, 서로를 위로하며, 다시 걸어갈 힘을 줍니다. 성녀처럼 작은 것에서 거룩함을 찾아가려는 그 마음만으로도 세상은 조금씩 달라집니다.

여행은 일상과 다른 일정을 만들며 우리를 새로운 경험으로 채웁니다. 그래서 지쳐도 설렙니다. 어린이에게는 매일이 그런 여행 같겠지요. 반대로 어른인 우리는 경험이 쌓이면서 반복된 일상을 지루하게 느낍니다. 하지만 매일 만나는 사람에게 반가운 인사를 건네고, 웃을 거리를 찾아내며, 작은 일상 속에서 새로운 것을 발견한다면, 우리의 매일도 여행처럼 아름다워질 것입니다.

소화 데레사의 삶은 단순히 기도와 겸손에 머물지 않았습니다. 그것은 매일의 일상을 거룩하게 만드는 길이었고, 기도와 사랑으로 자신과 이웃을 연결하는 힘이었습니다. 오늘, 그녀의 삶을 묵상하며 우리도 어린이처럼 순수한 마음으로 매일을 여행처럼 살아갑시다.

2022년 8월 13일

죽음과 기다림, 그리고 부활의 희망
* 프랑스 몽리종 연옥 영혼을 위한 성모 성지

현대신학에서는 지옥을 '하느님이 없는 곳'으로 정의하며, 하느님을 알고 믿는 이들에게 지옥은 닿을 수 없는 영역이라고 말합니다. 그리고 연옥을 기다림의 장소로 이해합니다. 연옥은 죽은 후 자신의 삶을 돌아보는 시간이며, 이 기다림의 과정은 개인에 따라 길고 짧음이 다를 수 있습니다. 부족함이 많았던 이들에게는 더욱 고된 여정이 될 것입니다.

우리는 죽은 이들을 위해 미사를 봉헌합니다. 그것은 단순히 그들과의 헤어짐을 준비하는 것만이 아니라, 아직 그들을 잊지 않았음을 기억하는 행위입니다. 동시에, 우리의 미래를 준비하는 시간이기도 합니다. 건강의 경고 신호가 오면 죽음을 부정하며 불평을 늘어놓는 우리, 그러나 결국 누구도 죽음을 피할 수 없음을 인정해야 합니다. 죽음을 위한 구체적인 준비는 우리가 하느님나라에 들어가기 위한 중요한 과정입니다.

복음은 우리에게 하느님나라를 위해 형제와 가족과 결별해야 한다는 도전을 줍니다. 죽음이란 본질적으로 이별을 뜻합니다. 허망하거나 안타까운 죽음도 결국 우리를 갈라놓습니다. 그러나 성모님께서는 인간의 죽음에 머물지 않고 하느님께 들어올림을 받으셨습니다. 성모승천 교리는 죽음을 넘어 하느님의 영광에 참여할 수 있음을 보여줍니다. 성모님의 승천은 부활의 희망을 우리에게 전해줍니다.

우리는 죽음을 겸손히 받아들이는 법을 배워야 합니다. 또한, 죽은 이들을 기억하고, 하느님의 자비를 구하며 그들을 위한 기도를 드려야 합니다. 나이가 들어가며 죽음에 대한 인식은 익숙해질지라도, 자신의 죽음 앞에서는 여전히 두려움을 느끼게 됩니다. 그때 누군가가 내 손을 잡아주고 기도해준다면, 그 두려움을 극복할 힘이 될 것입니다.

기도는 영혼을 위한 위로일 뿐 아니라, 남겨진 이들에게도 커다란 힘과 위안을 줍니다. 어릴 적에는 누군가의 기도가 그저 당연하게 여겨졌지만, 나이가 들고 자신의 약함을 깨닫게 될수록 기도는 그 무엇과도 바꿀 수 없는 선물임을 알게 됩니다. 이 체험은 하느님을 만나기 위해 기다리는 연옥 영혼들에게도 큰 힘이 될 것입니다.

오늘 이 미사에서, 물리적으로 함께하지 못하는 이들과도 마음을 모아 기도합시다. 부활하신 그리스도처럼, 죽음을 이겨낸 예수님처럼 우리도 믿음으로 하나 되어 부활의 희망을 품고 살아갑시다.

2022년 8월 14일

절박함 속에서 피어나는 신뢰와 기도
* 프랑스 펠부아쟁 성모 발현 성지

우리는 프랑스 제국이 여러 나라에 혁명의 분위기를 만들었다고 배웁니다. 혹은 독일-프로이센 연합이 힘을 키우는 계기가 되었다고 배우지요. 그런데 그 정치적인 전쟁 속에 사람들은 어떻게 살았을까요? 아무것도 가진 것 없는 사람들, 전쟁으로 인해 매번 이리저리 끌려 다녀야 하는 사람들의 생활은 얼마나 비참했을까요?

우리 부모 세대는 그러한 비참함을 조금이나마 이해할 수 있는 삶을 살았습니다. 양말을 기워 신고, 몽땅연필을 볼펜 자루에 넣어 쓰며, 아껴야 한다는 생활 철학으로 하루를 버텼습니다. 그 가난과 고난 속에서도 자식들만큼은 더 나은 삶을 살기를 기원하며 간절히 노력했습니다. 이런 간절함이 결국 기도를 만들어냈습니다. 기도는 단순한 푸념이 아니라, 절박함 속에서 피어나는 신뢰와 의탁의 행위였습니다.

이곳 성지에서 성모님은 자비의 성모님으로 불립니다. 이 자비는 단순히 온정이나 연민을 넘어, 인간의 비참함과 참담함을 깊이 이해하고 그 아픔 속에서 함께하시는 하느님의 사랑을 의미합니다. 프랑스의 보불전쟁 후유증 속에서, 비참한 삶에 내몰린 이들은 기도를 통해 자신들의 고통을 하느님께 의탁하며 마지막 희망을 붙들었습니다.

복음 속 목자들도 그런 삶을 살았습니다. 하루하루를 양들의 생존을 위해 떠돌며 풀과 물을 찾아 헤맸습니다. 그들은 매일 하늘의 별과 바람, 태양과 달을 보며 길을 찾았고, 매일 기도했을 것입니다. 양들을 위해, 가족들을 위해, 또 더 나은 삶을 위해. 그런 그들에게 천사들이 나타나 아기 예수님의 탄생 소식을 전했습니다. 그 소식은 마리아와 요셉에게도 큰 위로와 희망이 되었을 것입니다.

우리 삶에서도 절망의 순간은 찾아옵니다. 죽을병에 걸리거나 극한의 상황에 처할 때, 우리는 원망하고 체념하지만, 때로는 예상치 못한 한마디 말이 우리를 일으켜 세우기도 합니다. 절박함 속에서 우리는 기도합니다. 인간의 힘으로는 도저히 해결할 수 없을 때, 기도가 우리의 입술에서 흘러나옵니다. 우리가 신앙이 부족하다고 느낄 때도 하느님께서는 우리가 부족함 속에서도 그분을 신뢰하며 의탁하도록 부르십니다.

오늘, 이 미사를 통해 우리는 우리의 기도와 간절함을 다시 성모님께 전구합시다. 우리의 삶 속에서 절망과 고난을 넘어서는 희망을 찾게 해달라고, 그분의 자비로운 손길로 우리를 이끌어주시길

간청합시다. 마치 에스텔(펠부아쟁 성모 발현 증거사)이 자신과 백성을 위해 간절히 편지를 썼던 것처럼, 우리의 기도가 성모님을 통해 하느님께 닿기를 바랍니다. 기도 속에서 신뢰와 의탁을 배우고, 그 안에서 새로운 힘과 희망을 찾읍시다.

2022년 8월 19일

은총의 길을 따라, 성모님께 배우는 지혜 ✝
* 프랑스 라살레트 성모 발현 성지

라살레트는 알프스 자락에 위치한 고요한 성지입니다. 세상과 무관한 듯한 목동들처럼, 저 또한 이곳에 우연히 이르게 되었습니다. 하지만 그 우연이 사실은 하느님의 섭리일지도 모릅니다. 계획이 틀어지며 뜻밖의 은총을 경험하게 되는 것처럼 말입니다. 신학교 저학년 때 선배들의 옷을 물려받으며 그 덕을 이어받는다는 말을 들었습니다. 그렇다면 성지에서, 수많은 신앙인의 발걸음이 지나간 그 길은 얼마나 깊은 기도와 은총이 스며있을까요? 문턱이 반질거리도록 많은 이들의 기도가 쌓인 그곳에서 우리는 신앙의 유산을 만납니다.

교회는 성경과 성전을 보물로 여깁니다. 성경은 하느님의 말씀이고, 성전은 신앙의 선조들이 남긴 유산입니다. 이 두 보물 안에는 말로 표현할 수 없는 은총의 길과 지혜가 담겨 있습니다. 세월이라는 시간 속에서 성숙해지는 법을 배우듯, 신앙 역시 이러한 길을 통해 성장합니다. 어른이 되어 자녀에게 첫 가르침을 주는 부모처럼, 우리는 신앙의 부모이신 성모님께로부터 길을 배웁니다.

성모님은 우리의 신앙을 어머니처럼 돌보십니다. 부모가 자녀를 바른길로 이끌기 위해 모든 지혜를 다하듯이, 성모님은 우리가 흔들릴 때에도 사랑으로 인도하십니다. 첫아이를 키우며 부모가 고민하고 모범을 보이려 애쓰는 것처럼, 성모님은 우리의 삶에 길을 제시하고 지혜를 나누어 주십니다.

남보다 더 앞서기 위해, 더 많이 가지기 위해 수단과 방법을 가리지 않는 세상의 기술은 결국 허망함을 남길 뿐입니다. 그러나 하느님의 영역에서는 그러한 방법이 통하지 않습니다. 마치 부모가 자녀의 키를 억지로 키우거나 잘못된 방법으로 공부를 강요할 수 없는 것처럼, 하느님의 길에서는 진실하고 순수한 마음이 중요합니다.

성모송을 바칠 때 우리는 성모님을 복되다고 찬미합니다. 성모님은 단순히 예수님을 낳고 기르신 분만이 아니라, 우리의 모범이자 길을 제시해 주시는 분이십니다. 성모님의 복됨은 그분이 우리에게 보여주신 지혜와 사랑에 있습니다. 라살레트에서 이 은총의 길을 묵상하며, 성모님께서 우리를 이끄시는 지혜와 사랑을 깊이 새깁니다.

2022년 8월 22일

기도는 작은 믿음의 씨앗입니다
*벨기에 보랭 성모 발현 성지

어느 겨울 아침, 성당 천장을 바라보며 하릴없이 기도하던 순간이 떠오릅니다. 사목회를 꾸릴 사람이 없어 답답한 마음에, 저는 '이번에는 성당을 지을 테니 사람을 보내주소서!' 하고 지나가는 기도를 드렸습니다. 그리고 정말 필요한 사람들이 모였습니다. 또 한 번은 성당을 지을 자리를 두고 성모님께 '이 자리에 성당을 지으면 안 되나요?'라고 기도했는데, 며칠 뒤 그 기회를 얻게 되었습니다. 지나고 나니 이 모든 것이 제 힘으로는 불가능한 기적 같은 일이었습니다.

이제 제가 걷고 있는 순례길도 언젠가 돌아보면 또 다른 기적 같은 일이겠지요. 제 미사와 기도가 누군가에게 기적을 일으키는 작은 씨앗이 되었으면 좋겠습니다. 지나가는 기도처럼 보잘것없는 기도가 쌓이고 쌓이면, 결국 산을 이루는 것처럼 말입니다.

카나의 혼인잔치의 기적도 그런 작은 기도의 씨앗에서 비롯된 것이었을 것입니다. 성모님의 지나가는 말씀을 예수님은 가볍게 넘기지 않으셨습니다. 때가 아님에도 그 말씀을 새기셨고, 포도주가 떨어진 잔치의 기적을 이루셨습니다. 우리의 기도도 그렇게 보잘것

없는 듯 보이지만, 그 기도가 쌓이면 하느님의 은총으로 세상을 바꿀 힘이 됩니다.

이 성지에서 성모님은 우리에게 이렇게 말씀하십니다. "기도하고, 기도하고, 또 많이 기도하라." 신앙은 습관이고, 기도는 하느님의 부름에 대한 우리의 응답입니다. 저도 그 말씀에 응답하기 위해 이 자리에 섰습니다. 저를 돌아보고, 부족한 자신을 성찰하며 하느님의 일꾼으로서 새로운 한 걸음을 내딛으려는 결심입니다.

성모님이 자주 작은 아이들에게 나타나시는 이유는, 아이들이 우리보다 사심이 없기 때문일 것입니다. 우리의 기도가 사심으로 가득 차 있다면, 그 기도가 이뤄지는 순간 다른 사람의 희생을 요구하게 될지도 모릅니다. 하지만, 사심 없이 순수한 마음으로 기도하고 또 기도한다면, 우리는 끊임없이 자신을 돌아보며 하느님께 응답할 수 있습니다.

우리의 신앙은 단순히 몇 푼 더 벌거나, 건강과 평화를 얻는 데에 그치는 것이 아닙니다. 진정한 신앙은 나를 더 나아가게 하고, 신뢰와 의탁 속에서 부족하지만 겸손히 나아가는 작은 정성을 통해 완성됩니다.

기도는 하느님과의 끊임없는 대화이며, 작은 씨앗처럼 우리가 자라도록 돕는 도구입니다. 오늘도 그 작은 기도를 통해 하느님의 은총이 우리 삶에 스며들길 바라며, 우리는 겸손히 나아갑시다.

2022년 8월 25일

용기를 내어 일어서라

2025년 4월 30일 초판 1쇄 발행
2025년 5월 20일 초판 2쇄 발행

지은이 조발그니(빈첸시오) 신부
디자인 라운드어바웃
편집인 류정희, 신현주

발행처 라운드어바웃
출판등록 제2025-000024호(2014년 4월 14일)
주소 광주광역시 남구 효우2로 26번길 24, 114호
전자우편 vincentcho@naver.com
블로그 https://m.blog.naver.com/vincentcho
네이버 밴드 band.us/@boncourage

ISBN 979-11-976752-1-8 03230

이 책의 저작권법에 의하여 보호받는 저작물이므로 무단 전재 및 복제를 금합니다.